VIGILÂNCIA LÍQUIDA

Obras de Zygmunt Bauman:

- 44 cartas do mundo líquido moderno
- Amor líquido
- Aprendendo a pensar com a sociologia
- A arte da vida
- Babel
- Bauman sobre Bauman
- Capitalismo parasitário
- Cegueira moral
- Comunidade
- Confiança e medo na cidade
- A cultura no mundo líquido moderno
- Danos colaterais
- Em busca da política
- Ensaios sobre o conceito de cultura
- Estado de crise
- Estranhos à nossa porta
- A ética é possível num mundo de consumidores?
- Europa

- Globalização: as consequências humanas
- Identidade
- Isto não é um diário
- Legisladores e intérpretes
- O mal-estar da pós-modernidade
- Medo líquido
- Modernidade e ambivalência
- Modernidade e Holocausto
- Modernidade líquida
- Para que serve a sociologia?
- O retorno do pêndulo
- Retrotopia
- A riqueza de poucos beneficia todos nós?
- Sobre educação e juventude
- A sociedade individualizada
- Tempos líquidos
- Vida a crédito
- Vida em fragmentos
- Vida líquida
- Vida para consumo
- Vidas desperdiçadas
- Vigilância líquida

Zygmunt Bauman
David Lyon

VIGILÂNCIA LÍQUIDA

Tradução:
Carlos Alberto Medeiros

Título original:
Liquid Surveillance
(*A Conversation*)

Tradução autorizada da primeira edição inglesa,
publicada em 2013 por Polity Press,
de Cambridge, Inglaterra

Copyright © 2013, Zygmunt Bauman e David Lyon

Copyright da edição em língua portuguesa © 2014:
Jorge Zahar Editor Ltda.
rua Marquês de S. Vicente 99 – 1º | 22451-041 Rio de Janeiro, RJ
tel (21) 2529-4750 | fax (21) 2529-4787
editora@zahar.com.br | www.zahar.com.br

Todos os direitos reservados.
A reprodução não autorizada desta publicação, no todo
ou em parte, constitui violação de direitos autorais. (Lei 9.610/98)

Grafia atualizada respeitando o novo Acordo Ortográfico da Língua Portuguesa

Preparação: Angela Ramalho Vianna | Revisão: Eduardo Monteiro,
Eduardo Farias | Indexação: Gabriella Russano | Capa: Sérgio Campante
Foto da capa: © Brett Landrum sobre arte de Mr. Brainwash

CIP-Brasil. Catalogação na fonte
Sindicato Nacional dos Editores de Livros, RJ

B341v	Bauman, Zygmunt, 1925-2017 Vigilância líquida/Zygmunt Bauman, David Lyon; tradução Carlos Alberto Medeiros. – Rio de Janeiro: Zahar, 2013. Tradução de: Liquid surveillance: a conversation Inclui índice ISBN 978-85-378-1156-6 1. Sociologia. 2. Controle social. I. Título.

	CDD: 301
13-06010	CDU: 316

· Sumário ·

Prefácio e agradecimentos	*7*
Introdução, por David Lyon	*9*
1. *Drones* e mídia social	*25*
2. A vigilância líquida como pós-pan-óptico	*55*
3. Ausência, distanciamento e automação	*75*
4. In/segurança e vigilância	*95*
5. Consumismo, novas mídias e classificação social	*113*
6. Investigando eticamente a vigilância	*122*
7. Agência e esperança	*130*
Notas	*145*
Índice remissivo	*152*

· Prefácio e agradecimentos ·

A vigilância é um aspecto cada vez mais presente nas notícias diárias, o que reflete sua crescente importância em muitas esferas da vida. Mas, na verdade, a vigilância tem se expandido silenciosamente por muitas décadas e é uma característica básica do mundo moderno. À medida que esse mundo vem se transformando ao longo de sucessivas gerações, a vigilância assume características sempre em mutação. Hoje, as sociedades modernas parecem tão fluidas que faz sentido imaginar que elas estejam numa fase "líquida". Sempre em movimento, mas muitas vezes carecendo de certezas e de vínculos duráveis, os atuais cidadãos, trabalhadores, consumidores e viajantes também descobrem que seus movimentos são monitorados, acompanhados e observados. A vigilância se insinua em estado líquido.

Este livro, em forma de diálogo, analisa até que ponto a noção de vigilância líquida nos ajuda a compreender o que está acontecendo num mundo de monitoramento, controle, observação, classificação, checagem e atenção sistemática que chamamos de vigilância. Isso fornece o fio condutor de nossa conversa. Ela envolve tanto debates históricos sobre o projeto pan-óptico da vigilância quanto os inventos contemporâneos de um olhar globalizado que não deixa lugar para ocultação – e, ao mesmo tempo, é bem-vindo como tal. Mas também se expande, ao abranger amplas questões por vezes não abordadas pelas discussões sobre vigilância. É uma conversa em que cada participante contribui mais ou menos igualmente para o todo.

Nós dois temos mantido contato, debatendo esporadicamente questões relacionadas a novas tecnologias, vigilância, sociologia e teoria social desde o fim da década de 1970 (ou início da década de 1980, não nos lembramos bem). Bauman continuou a usar em seu trabalho a crítica pan-óptica e temas correlatos, e estimulou Lyon em sua análise, cada vez mais ampla, da vigilância. Mais recentemente, preparamos juntos sucessivas participações na conferência bianual de 2008 da Rede de Estudos sobre Vigilância (a de Bauman teve de se realizar *in absentia*). A de Lyon foi publicada na revista *International Political Sociology* (dezembro de 2010) como "Liquid surveillance: the contribution of Zygmunt Bauman's work to surveillance studies". A de Bauman permanece inédita. Nossa conversa aconteceu por e-mail, entre setembro e novembro de 2011.

Estamos gratos pela ajuda cuidadosa de alguns colegas a quem estimamos, que leram nosso diálogo e deram sugestões sobre como apresentar melhor as coisas, tornando-as mais acessíveis a um público mais amplo: Katja Franko Aas, Kirstie Ball, Will Katerberg e Keith Tester. Também agradecemos calorosamente a Emily Smith, pesquisadora associada do Centro de Estudos de Vigilância da Queen's University, no Canadá, por sua ajuda neste projeto, a Andrea Drugan, nossa editora da Polity, e a Ann-Bone, copidesque, por seu estímulo e aconselhamento.

Zygmunt Bauman e David Lyon

· Introdução ·

A vigilância é uma dimensão-chave do mundo moderno; e, na maioria dos países, as pessoas têm muita consciência de como ela as afeta. Não apenas em Londres e Nova York, mas também em Nova Délhi, Xangai e Rio de Janeiro, as câmeras de vídeo são elemento comum nos lugares públicos. Por toda parte, viajantes em passagem por aeroportos sabem que precisam atravessar não apenas o controle de passaportes em sua versão do século XXI, mas também por novos dispositivos, como escâneres corporais e aparelhos de checagem biométrica, que têm proliferado desde o 11 de Setembro. E se tudo isso tem a ver com segurança, outros tipos de vigilância, relativos a compras rotineiras e comuns, acesso on-line ou participação em mídias sociais, também se tornam cada vez mais onipresentes. Temos de mostrar documentos de identidade, inserir senhas e usar controles codificados em numerosos contextos, desde fazer compras pela internet até entrar em prédios. A cada dia o Google anota nossas buscas, estimulando estratégias de marketing customizadas.

Mas o que significa isso do ponto de vista social, cultural, político? Se partirmos simplesmente de novas tecnologias ou de regimes regulatórios, poderemos formar uma ideia da amplitude desse fenômeno. Mas será que conseguiremos compreendê-lo? Decerto, ter uma noção da magnitude e da rápida difusão do processamento de dados é fundamental para que a onda de vigilância seja avaliada pelo que ela é; e descobrir exatamente quais chances e oportunidades de vida são afetadas por esse fenômeno irá galvanizar os esforços no sentido de controlá-lo. Mas este diálogo tem uma pretensão maior: a de cavar mais fundo – investigar as origens históricas e ocidentais da vigilância atual e sugerir questões éticas, assim como políticas, sobre sua expansão.

Por muitas décadas, a vigilância tem sido tema constante da obra de Zygmunt Bauman, e muitas de suas observações, a meu ver, são de grande interesse para os que hoje tentam entender esse fenômeno e reagir a ele. Na primeira década do século XXI, Bauman tornou-se mais conhecido por suas análises sobre a ascensão da "modernidade líquida", e aqui examinamos se esse arcabouço também é esclarecedor quando se avalia o papel contemporâneo da vigilância. Mas o outro leitmotiv da análise de Bauman é a ênfase na ética, principalmente a ética do Outro. Em que medida isso oferece uma compreensão crítica sobre a vigilância nos nossos dias?

Vigilância líquida?

"Vigilância líquida" é menos uma forma completa de especificar a vigilância e mais uma orientação, um modo de situar as mudanças nessa área na modernidade fluida e perturbadora da atualidade. A vigilância suaviza-se especialmente no reino do consumo. Velhas amarras se afrouxam à medida que fragmentos de dados pessoais obtidos para um objetivo são facilmente usados com outro fim. A vigilância se espalha de formas até então inimagináveis, reagindo à liquidez e reproduzindo-a. Sem um contêiner fixo, mas sacudida pelas demandas de "segurança" e aconselhada pelo marketing insistente das empresas de tecnologia, a segurança se esparrama por toda parte.

A noção de Bauman de modernidade líquida estrutura a vigilância de novas maneiras; oferece também notáveis insights sobre o motivo pelo qual a vigilância se desenvolve tal como o faz e algumas ideias produtivas sobre como seus piores efeitos podem ser confrontados e neutralizados. Evidentemente, essa é minha visão da situação. O que Zygmunt Bauman pensa torna-se claro em nosso diálogo.

Aceita-se de forma ampla que a vigilância é uma dimensão central da modernidade. Mas a modernidade não fica parada. Também temos de indagar: que *tipo* de modernidade? As condições atuais podem ser descritas como modernidade "tardia", possivelmente "pós-modernidade" ou, de modo mais pitoresco, modernidade "líquida". Zygmunt Bauman sugere que a modernidade tem se *liquidificado* de novas e diferentes maneiras (para além do insight de Marx e Engels, na fase inicial da modernidade, de que "tudo que é sólido se desmancha no ar"). Duas características se destacam.

Em primeiro lugar, todas as formas sociais se desmancham mais depressa que a velocidade com que se criam novas formas. Elas não podem manter seu molde nem se solidificar em arcabouços de referência para as ações e estratégias de vida dos seres humanos em função da brevidade de sua própria vida útil. Será que isso se aplica à vigilância? Uma série de teóricos tem observado as maneiras pelas quais a vigilância, antes aparentemente sólida e estável, se tornou muito mais móvel e flexível, infiltrando-se e se espalhando em muitas áreas da vida sobre as quais sua influência era apenas marginal.

Gilles Deleuze introduziu a expressão "sociedade de controle", na qual a vigilância cresce menos como uma árvore – relativamente rígida, num plano vertical, como o pan-óptico – e mais como ervas daninhas.[1] Como observam Kevin Haggerty e Richard Ericson, a "montagem da vigilância" capta fluxos do que se poderia chamar de dados corporais, transformando-os em "duplicatas de dados" altamente móveis e fluidas.[2] William Staples também observa que a vigilância atual ocorre em culturas "caracterizadas pela fragmentação e pela incerteza, quando muitos dos significados, símbolos e instituições antes tidos como certos se *dissolvem* diante de nossos olhos".[3] Assim, o que é seguro, estruturado e estável se liquefaz.

Bauman concorda que o pan-óptico foi um meio moderno fundamental no que se refere à manutenção do controle, imobilizando os prisioneiros e promovendo o movimento dos observadores. Mas estes às vezes ainda tinham de estar presentes. Evidentemente, o projeto pan-óptico da prisão também era caro. Foi planejado para facilitar o controle mediante a organização semicircular dos blocos de celas, e o "inspetor", situado no centro, podia ver todas elas mantendo-se invisível para os prisioneiros por trás de uma cortina. Ele obrigava o inspetor a assumir certa responsabilidade pela vida dos prisioneiros. O mundo de hoje, diz Bauman, é pós-pan-ótico.[4] O inspetor pode escapulir, fugindo para domínios inalcançáveis. O engajamento mútuo acabou. Mobilidade e nomadismo são agora valorizados (a menos que você seja pobre ou sem-teto). O menor, mais leve e mais rápido é considerado bom – pelo menos no mundo dos iPhones e iPads.

O pan-óptico é apenas um modelo de vigilância.[5] A arquitetura das tecnologias eletrônicas pelas quais o poder se afirma nas mutáveis e móveis organizações atuais torna a arquitetura de paredes e janelas amplamente redundante (não obstante *firewalls* e *windows*). E ela permite formas de controle que apresentam diferentes faces, que não têm uma conexão óbvia com o aprisionamento e, além disso, amiúde compartilham as características da flexibilidade e da diversão encontradas no entretenimento e no consumo. O check-in do aeroporto pode ser feito com um smartphone, mesmo que as trocas internacionais envolvendo o crucial RNP (Registro do Nome do Passageiro) ainda ocorram, estimuladas pelo mecanismo original de reserva (ela própria possivelmente gerada no mesmo smartphone).

Desse ponto de vista, disciplina e segurança têm realmente uma conexão entre si, algo que Michel Foucault não conseguiu reconhecer. Ele insistia em afirmar que eram duas coisas distintas, embora suas conexões (eletrônicas) já estivessem evidentes. A segurança transformou-se num empreendimento orientado para o futuro – agora nitidamente descrito no filme e no romance intitulados *Minority Report* (2002) – e funciona por meio da vigilância, tentando monitorar o que *vai* acontecer pelo emprego de técnicas digitais e raciocínio estatístico. Como assinala Didier Bigo, essa segurança opera acompanhando *"qualquer coisa que se mova* (produtos, informações, seres humanos)".[6] Assim, a segurança funciona a distância tanto no espaço quanto no tempo, circulando de maneira fluida, juntamente com os Estados-nação, mas para além deles, num domínio globalizado. Tranquilidade e recompensas acompanham esses grupos móveis para os quais essas técnicas são feitas como se fossem "naturais". Processos de estereotipia e medidas de exclusão estão à espera dos grupos desafortunados o bastante para serem rotulados de "indesejados".

Em segundo lugar, e relacionado com isso, poder e política estão se separando. O poder agora existe num espaço global e extraterritorial, mas a política, que antes ligava interesses individuais e públicos, continua local, incapaz de agir em nível planetário. Sem controle político, o poder torna-se fonte de grande incerteza, enquanto a política parece irrelevante para os problemas e temores da vida das pessoas. O poder de vigilância, tal como o exercido por departamentos governamentais, agências de polícia e corporações privadas, enquadra-se muito bem nessa descrição. Até as fronteiras nacionais, antes geograficamente localizadas – ainda que de modo arbitrário –, agora aparecem, nos aeroportos, distantes das "bordas" territoriais, e, o que é mais significativo, em bases de dados que podem nem estar "no" país em questão.[7]

Prosseguindo com o exemplo, a questão das fronteiras mutáveis, para muitos, é fonte de grande incerteza. É um momento de ansiedade passar pela segurança de um aeroporto sem saber exatamente em que jurisdição se está ou para onde irão seus dados pessoais, em especial quando se faz parte de uma população suspeita. E se você for desafortunado a ponto de ser detido ou descobrir que seu nome está numa lista de pessoas proibidas de voar, saber o que fazer é muitíssimo difícil. Além disso, é um desafio assustador realizar mudanças políticas que possam, por exemplo, tornar mais simples as viagens necessárias.

A fusão de formas sociais e a separação entre poder e política são duas características básicas da modernidade líquida que têm óbvia repercussão na questão da vigilância, mas vale mencionar duas outras conexões. Uma delas é a conexão mútua entre as novas mídias e os relacionamentos fluidos. Enquanto alguns culpam as novas mídias pela fragmentação social, Bauman vê as coisas funcionando nas duas direções. Ele sugere que as mídias sociais são um produto da fragmentação social, e não apenas – ou necessariamente – o contrário. Diz ele que, na modernidade líquida, o poder deve ser livre para flutuar, e barreiras, cercas, fronteiras e postos de controle são um transtorno a ser superado ou contornado. Densas e estreitas redes de vínculos sociais, especialmente com base no território, devem ser eliminadas. Para ele, é antes de tudo o caráter instável desses vínculos que permite o funcionamento dos poderes.

Aplicado à mídia social, isso é controverso, pois muitos ativistas veem um grande potencial de solidariedade social e organização política em tuítes e mensagens. Pense nos movimentos Occupy, o protesto generalizado dos chamados 99% contra o privilégio e o poder do 1% nos países mais ricos do mundo; ou na Primavera Árabe de 2011. Entretanto, essa é uma área a ser cuidadosamente observada, no mínimo porque *já* está sob vigilância. A mídia social depende, para sua existência, do monitoramento de usuários e da venda de seus dados para outros. As possibilidades de resistência da mídia social são atraentes e, de alguma forma, fecundas, mas também são limitadas, tanto pela falta de recursos para relacionamentos duradouros num mundo em liquefação quanto pelo fato de o poder de vigilância no interior da mídia social ser endêmico e significativo.

A conexão final a ser feita aqui é que os tempos líquidos oferecem alguns desafios profundos para quem deseja agir de maneira ética, ainda mais no mundo da vigilância. O reconhecimento por Bauman das incertezas endêmicas num mundo líquido moderno exprimem o problema tal como ele o vê. E sua atitude preferida, rejeitando regras e regulações inertes, é vista em sua ênfase na relevância do encontro vivido com o Outro. Perceber nossa responsabilidade para com o ser humano diante de nós é o ponto de partida.

Duas grandes questões confrontam aqui a ética da segurança. Uma delas é a lastimável tendência ao que Bauman chama de "adiaforização", em que sistemas e processos se divorciam de qualquer consideração de caráter moral.[8] "Não é meu departamento", seria a típica resposta burocrática a questionamentos sobre a correção de avaliações ou julgamentos oficiais. A outra é que a vigilância torna mais eficiente o processo de fazer coisas a distância, de separar uma pessoa das consequências de sua ação. Assim, os controles de fronteiras podem parecer automatizados, desapaixonados, mesmo quando negam a entrada de uma pessoa em busca de asilo que tenha a origem étnica "errada", temendo por sua própria vida se for enviada de volta.

Outro ângulo da adiaforização em termos de vigilância é a forma como dados do corpo (dados biométricos, DNA) ou por ele desencadeados (por exemplo, situações em que se faz um login, usa-se um cartão de acesso ou mostra-se a identidade) são sugados para bases de dados a fim de serem processados, analisados, concatenados com outros dados e depois cuspidos de volta como "replicação de dados". As informações que fazem as vezes da pessoa são constituídas de "dados pessoais" apenas no sentido de que se originaram em seu corpo e podem afetar suas oportunidades e escolhas existenciais. A "replicação e fragmentação de dados" tende a inspirar mais confiança que a própria pessoa – que prefere contar sua própria história. Os designers de software dizem que estão simplesmente "lidando com dados", de modo que seu papel é "moralmente neutro" e suas avaliações e distinções são apenas "racionais".[9]

Pense líquido

Assim, até que ponto a noção de modernidade líquida – e, aqui, de vigilância líquida – nos ajuda a entender o que está ocorrendo no mundo de monitoramento, rastreamento, localização, classificação e observação sistemática que é a vigilância? A resposta simples, em uma só palavra, é "contexto". É fácil interpretar a difusão da vigilância como fenômeno tecnológico ou como algo que lida simplesmente com "controle social" e "Grande Irmão". Mas isso é colocar toda a ênfase em instrumentos e tiranos, e ignorar o espírito que anima a vigilância; as ideologias que a impulsionam; os eventos que a possibilitam; e as pessoas comuns que concordam com ela, a questionam ou decidem que, se não podem vencê-la, é melhor juntarem-se a ela.

As interpretações populares da vigilância veem essas manifestações como a marcha cada vez mais acelerada da tecnologia, colonizando sempre novas áreas da vida e deixando cada vez menos áreas intocadas, "indígenas", da existência "privada". Assim, do onipresente código de barras que identifica várias classes de produtos segundo o tipo ou a fábrica, passamos para os chips de identificação por radiofrequência (RFID, de Radio Frequency Identification), que oferecem identificadores individuais para cada produto. Mas não apenas produtos. RFIDs também são usados em passaportes e roupas, e os dados que emitem podem ser facilmente conectados ao portador ou usuário. Ao mesmo tempo, outros dispositivos, como os códigos de resposta rápida (QR, de Quick Response code), conjuntos de símbolos quadriculados que podem ser escaneados com um smartphone, aparecem em muitos produtos, marcas e, sim, roupas (embora também tenham origem na busca de cadeias aceleradas de suprimentos). Use um bracelete de silício com um QR como acessório da moda, e basta sussurrar "me escaneie". Isso faz com que se abra uma página da web com seus dados de contato, links de mídia social e todo o resto. Você é um hyperlink humano.

Os habitantes do mundo da modernidade "sólida" reconheceriam, e talvez aplaudissem, a ideia de códigos de barras como forma eficiente de catalogar estoques. Observem a racionalização burocrática perfeitamente expressa num dispositivo tecnológico. Mas a etiqueta RFID significa mais num mundo onde se deve dar mais atenção não apenas a classificar e vender produtos, mas também a descobrir exatamente onde eles estão a qualquer momento num regime de administração conhecido como *just-in-time*. Manter apenas o estoque é desperdício. Você precisa que os *kanban* (como os japoneses os chamam) sinalizem que a coisa certa está no lugar certo no momento certo. Não admira que essa ideia funcione de modo tão equivalente no mundo da segurança!

Mas enquanto no universo sólido moderno alguns aprovariam a noção de conhecer detalhes para garantir que as pessoas certas estejam no lugar certo no momento certo, quem poderia imaginar (num mundo solidamente moderno) que tais detalhes seriam anunciados espontaneamente para todos? Embora o RFID se ajuste a situações em que os dados são constantemente exigidos, as novas aplicações de QR falam a um mundo onde as pessoas estão ativamente engajadas no compartilhamento de dados. O RFID, por exemplo, verifica os fluxos transfronteiriços, filtrando-os para permitir a passagem fácil de alguns produtos e pessoas, mas não de outros. Mas o novo QR, embora ainda sirva a propósitos de vigilância, tem como objetivo minimizar a fricção do consumo compartilhando livremente informações sobre eventos, oportunidades e, possivelmente, pessoas. Sua atração reflete seu contexto líquido-moderno.

E quanto à questão do controle social, do Grande Irmão de George Orwell? Se a vigilância não diz respeito unicamente ao poder crescente das novas tecnologias, será que ela não se refere à forma como esse poder é distribuído? A metáfora-chave para a vigilância, pelo menos no mundo ocidental, sem dúvida é o Grande Irmão. Quando a administração governamental se concentra nas mãos de uma só pessoa ou partido que usa o aparato administrativo, com seus registros e arquivos, como forma de controle total, estamos falando do Grande Irmão. Em *1984*, de Orwell, "imaginado" – como já o descrevi – "como uma advertência pós-Segunda Guerra Mundial sobre o potencial totalitário das democracias ocidentais, o Estado tornou-se patologicamente absorto pelo próprio poder e está intimamente envolvido no controle cotidiano das vidas de seus cidadãos".[10]

Mas, embora a metáfora de Orwell seja convincente (assim como seu compromisso com a "decência" humana como seu antídoto), há outras metáforas. A descrição que Franz Kafka faz dos poderes obscuros que o deixam inseguro em relação a qualquer coisa (Quem sabe sobre você? Como sabem? Como esse conhecimento o afeta?) talvez seja quase correta no mundo das bases de dados dos dias atuais (como Daniel Solove e outros têm afirmado),[11] mas, tal como a de Orwell, ainda se refere essencialmente a agentes do Estado. Metáfora um pouco mais recente vem do utilitarista reformador prisional Jeremy Bentham, com uma palavra baseada no grego, "pan-óptico", que significa "lugar de onde tudo se vê". Todavia, isso não era ficção. Era um plano, um diagrama, o desenho de um arquiteto. Mais que isso, significava "arquitetura moral", uma receita para refazer o mundo.

Esse postulado, o pan-óptico, conecta mais amplamente o mundo acadêmico com a vigilância, não apenas em função de Bentham, mas por causa de Michel Foucault, que, em meados do século XX, viu nele a principal característica do que Bauman chama de modernidade sólida. Foucault concentrou-se na disciplina pan-óptica, ou "treinamento da alma", produzindo trabalhadores bem-ordenados. Para Bauman, Foucault usa o pan-óptico como a "arquimetáfora do poder moderno". No pan-óptico, os prisioneiros "não podiam mover-se porque estavam sob vigilância constante; tinham de permanecer o tempo todo nos lugares designados porque não sabiam, nem tinham como saber, onde estariam os guardas – estes, livres para se mover à vontade – naquele momento".[12] Hoje, porém, essa fixidez rígida se dissolveu de tal forma que (quer chamemos ou não de "líquido" esse estágio da modernidade) "também é, e talvez acima de tudo, *pós-pan-óptica*". Se naquela época era possível presumir que o inspetor pan-óptico estava presente (em algum lugar), nas atuais relações de poder, os que controlam suas alavancas "têm a possibilidade de, a qualquer momento, fugir para algum lugar inalcançável – para a pura e simples inacessibilidade".[13]

Tanto Bauman quanto eu pensamos (não necessariamente pelos mesmos motivos!) que hoje muito se liga ao destino do pan-óptico, e parte de nosso projeto neste livro é desenredar as implicações prementes e as práticas do que para alguns pode parecer um debate abstratamente acadêmico. Tal como a expressão "Grande Irmão" continua a captar a imaginação dos que se preocupam com o poder arrogante do Estado, a descrição do pan-óptico nos diz muito sobre como opera a vigilância no século XXI. Se Bauman está certo, fechou-se a cortina de uma era de "engajamento mútuo", em que administradores e administrados confrontavam-se. O novo espetáculo é um drama mais ardiloso, em que "o poder pode mover-se à velocidade de um sinal eletrônico".

São enormes os desafios que isso apresenta. Expressando de uma forma muito simples, as novas práticas de vigilância, baseadas no processamento de informações e não nos discursos que Foucault tinha em mente,[14] permitem uma nova transparência, em que não somente os cidadãos, mas todos nós, por todo o espectro dos papéis que desempenhamos na vida cotidiana, somos permanentemente checados, monitorados, testados, avaliados, apreciados e julgados. Mas, claramente, o inverso não é verdadeiro. À medida que os detalhes de nossa vida diária se tornam mais transparentes às organizações de vigilância, suas próprias atividades são cada vez mais difíceis de discernir. À proporção que o poder se move à velocidade dos sinais eletrônicos na fluidez da modernidade líquida, a transparência simultaneamente aumenta para uns e diminui para outros.

Entretanto isso não é necessariamente intencional, muito menos conspiratório. Parte da obscuridade da nova vigilância tem a ver com seu caráter tecnicamente sofisticado e com os complexos fluxos de dados dentro das organizações e entre elas. Outra parte relaciona-se ao sigilo que cerca a "segurança nacional" ou a competição comercial. Além disso, no que Bauman chama de mundo pós-pan-óptico da modernidade líquida, grande parte das informações pessoais vigorosamente absorvida pelas organizações é, na verdade, disponibilizada por pessoas que usam telefones celulares, compram em shoppings, viajam de férias, divertem-se ou surfam na internet. Passamos nossos cartões, repetimos nossos códigos postais e mostramos nossas identidades de forma rotineira, automática, espontânea.

Nada disso, contudo, nos deixa impunes. Pois da mesma forma que o pan-óptico moderno causou profundas consequências sociais e políticas, esses efeitos ainda acompanham os poderes amplamente pós-pan-ópticos da modernidade líquida. Embora a perda da privacidade possa ser a primeira coisa que vem à cabeça de muitos quando se debate o tema da vigilância, é fácil comprovar que a privacidade não é a baixa mais relevante. As questões do anonimato, da confidencialidade e da privacidade não devem ser ignoradas, mas também estão estreitamente ligadas a imparcialidade, justiça, liberdades civis e direitos humanos. Isso porque, como veremos, a *categorização social* é basicamente o que a vigilância realiza hoje, para o bem ou para o mal.[15]

Evidentemente há algumas continuidades entre as formas mais antigas e mais novas do poder de vigilância, todas elas servindo para distribuir chances e oportunidades de vida, recompensas e privilégios. Princípios pan-ópticos serviram historicamente para manter a hierarquia e as distinções de classe, tanto em lares e escolas quanto em fábricas e prisões.[16] Assim, embora, paradoxalmente, as correntes e contracorrentes da modernidade líquida possam parecer arbitrárias e acidentais, a lógica da estatística e do software que orienta a vigilância atual produz resultados estranhamente coerentes. Não apenas – e clamorosamente – "árabes" e "muçulmanos" percebem estar sujeitos a um exame mais "aleatório" que os outros nos aeroportos, mas também, como demonstra Oscar Gandy, a categorização social alcançada pela contemporânea vigilância do consumidor constrói um mundo de "desvantagens cumulativas".[17]

Mas estamos nos adiantando. Sugiro que o conceito de modernidade líquida oferece um contexto mais amplo para uma reflexão sobre vigilância do que simplesmente o desenvolvimento de tecnologias ou o crescente alcance do poder. A vigilância, que só nos tempos modernos assumiu o papel de instituição social-chave, agora compartilha algumas características com as formas emergentes de modernidade que Bauman chama de "líquidas", e por elas é moldada. Assim, um modo de entender os nascentes padrões de vigilância é investigar de que maneira eles se relacionam com a modernidade líquida.

Diálogo

Os diálogos que se seguem abrangem uma gama de tensões e paradoxos da vigilância contemporânea, usando a já descrita metáfora "líquida" como instrumento de sondagem. Começamos a jornada, por assim dizer, exatamente onde estamos, no mundo das relações eletronicamente mediadas. Bauman publicou, no verão de 2011, um texto tipicamente irônico, refletindo sobre os *drones* de vigilância e a mídia social – e esse tema vai nos levar diretamente ao assunto. Os *drones* podem ser agora tão minúsculos quanto um beija-flor, porém, o néctar que procuram é cada vez mais composto de imagens de alta resolução das pessoas que encontra em seu caminho. De qualquer forma, contudo, por que se preocupariam? Afinal, o anonimato já está em processo de auto-erosão no Facebook e em outras mídias sociais. O privado é público, é algo a ser celebrado e consumido tanto por incontáveis "amigos" quanto por "usuários" casuais.

Mas, como já insinuamos, não podemos fugir à questão das dimensões pós-pan-ópticas da modernidade líquida, e vamos investigar profundamente esse debate. Ele situa nossa discussão, contrastando a fixidez e a orientação espacial da vigilância sólida moderna com os sinais móveis, pulsantes, das formas fluidas de hoje. Em que aspectos devemos continuar seguindo Foucault e em que seu relato precisa ser atualizado, ampliado ou, no que nos interessa, repelido? Esses diálogos também vão entrelaçar fios correlatos: sobre a relação entre metáfora e conceito, sobre debates com pessoas como Deleuze, Derrida e Agamben, e, evidentemente, sobre as repercussões éticas e políticas de nossas opções teóricas e conceituais.

As dimensões tecnológicas, ou melhor, tecnossociais, da vigilância atual também serão colocadas sobre a mesa, e mais uma vez voltaremos atrás para recordar os legados terrivelmente ambivalentes da modernidade sólida expostos por Bauman em *Modernidade e Holocausto*, de 2001. Será que a organização meticulosa, a cuidadosa distinção entre o agente e a vítima, a eficiência mecânica da operação observada nos comboios de gado humano e nos campos de extermínio agora se devotam não mais à violência física, mas à classificação da população em categorias, tendo em vista um tratamento diferencial? Como as tecnologias eletrônicas e em rede provocam essas consequências menos catastróficas, porém não menos insidiosas, em particular para os grupos já discriminados? Indiferença, distanciamento e automação hoje desempenham cada qual o seu papel, com a ajuda do computador.

Outra linha do diálogo diz respeito às formas de vigilância relacionadas especificamente à segurança. No norte global, o 11 de Setembro serve para amplificar obsessões preexistentes com segurança e risco, ainda que os acontecimentos daquele dia sejam interpretados de forma diferente ao redor do planeta. Vamos evitar as noções simplistas de que segurança e liberdades civis constituem um jogo de soma zero, ou de que só aqueles com "algo a esconder" é que têm motivo para o medo. E vamos enviar nosso sonar para perscrutar o emergente complexo de segurança-vigilância, em que a terceirização e a mediação de contratos aproximam os mundos polvilhados de dados das agências de comércio e informações, e em que as clássicas armas do medo e da suspeita ainda são manuseadas.

E caso vocês estejam imaginando o que aconteceu aos temas clássicos de Bauman, como consumismo e reprodução da pobreza,[18] antes que seu café esfrie também vamos confrontá-los, investigando o tempo todo suas relevantes dimensões de vigilância. Bauman tem exposto infatigavelmente as maneiras pelas quais o consumismo está em simbiose com a produção de divisões e também de identidades sociais. Um paradoxo aqui é que, enquanto o consumo exige a sedução prazerosa dos consumidores, essa sedução também é resultado da vigilância sistemática numa escala de massa. Se isso não era óbvio em função de formas anteriores de marketing de base de dados, o advento da Amazon, do Facebook e do Google indica o atual estado da arte. Uma vez mais, porém, estamos nos adiantando.

Cada tema deste diálogo sugere questões não apenas sobre a análise adequada da vigilância – "Será que ela é líquida?" "Que diferença isso faz?" –, mas também sobre os insistentes desafios de ordem ética que acompanham essa pesquisa. Partindo de uma análise de Bauman em *Postmodern Ethics*, de 1993, e em outros textos, perguntamos em que medida a ética expositiva, ou mesmo normativa, deve falar às realidades da vigilância contemporânea. Em que medida elas podem ser usadas na abordagem das atuais e urgentes realidades políticas da vigilância, seja em demandas do governo por acesso ilimitado aos dados pessoais dos provedores de serviços da internet, seja na utilização de perfis de saúde para limitar a cobertura dos planos de alguns pacientes?

O último diálogo, sobre "agência e esperança", nos leva muito além da vigilância líquida (na verdade, o diálogo anterior também o faz; seria difícil evitar isso!). Mas esses temas reapareceram diversas vezes em conversas anteriores, de modo que tentamos enfrentá-los diretamente aqui. Devo confessar que quando nossos diálogos transatlânticos atingiram esse ponto, passei a considerá-los cada vez mais divertidos – para não dizer eletrizantes – e a achar difícil esperar pelas respostas. Ao mesmo tempo, quando elas vieram (mais depressa que as minhas, deve-se dizer), às vezes fiquei confuso para saber como chegamos até ali, em nosso diálogo! Penso que, francamente, há algumas coisas que meu querido amigo realmente quer dizer e outras sobre as quais ele preferiria não falar, embora eu possa pressioná-lo. E não há problema nisso. Eu o respeito ainda mais.

Em todo esse diálogo, deve-se enfatizar que estamos apenas fazendo uma exploração conjunta, trocando ideias e insights, estimulados pela convicção predominante de que o teorema da modernidade líquida oferece indicações vitais para examinarmos a vigilância em nossos dias. Mas, embora estejamos de acordo sobre alguns compromissos fundamentais comuns, não concordamos numa série de aspectos importantes. Mas também concordamos em que vale a pena discuti-los.

DAVID LYON

· 1 ·

Drones e mídia social

DAVID LYON: Tendo em mente esses comentários introdutórios sobre vigilância líquida, a primeira questão que eu gostaria de explorar é esta: no mundo que você chama de líquido moderno, a vigilância assume algumas formas novas e significativas, das quais os *drones* e a mídia social constituem bons exemplos, como você observou recentemente num blog. Ambos produzem informações pessoais a serem processadas, mas de maneiras diferentes. Seriam essas mídias complementares, de modo que o uso despreocupado de uma delas (a mídia social) naturalize para nós a extração involuntária de dados pessoais em outro campo por meio de *drones* miniaturizados? E que significam esses novos desenvolvimentos para nosso anonimato e nossa invisibilidade relativa no mundo cotidiano?

ZYGMUNT BAUMAN: Creio que o pequeno texto que você menciona, publicado alguns meses atrás num blog postado no site Social Europe, seria um bom ponto de partida. Espero que você perdoe a longa citação. Nesse ensaio eu fiz a justaposição de duas notícias aparentemente não relacionadas que apareceram no mesmo dia, 19 de junho de 2011 – embora nenhuma delas tenha sido manchete, e os leitores possam ser desculpados por não ter tomado conhecimento de uma ou das duas. Como qualquer notícia, ambas foram trazidas pelo "tsunami de informações" diário, duas gotas pequeninas num fluxo de notícias aparentemente destinado a ilustrar e esclarecer (e do qual se espera isso), enquanto contribui para toldar a visão e confundir o observador.

Uma das matérias, da autoria de Elisabeth Bumiller e Thom Shanker,[1] falava do aumento espetacular do número de *drones* reduzidos ao tamanho de uma libélula ou de um beija-flor confortavelmente empoleirado no peitoril de uma janela; ambos (*drone* e beija-flor) destinados, na saborosa expressão do engenheiro espacial Greg Parker, "a desaparecer em meio à paisagem". A segunda, escrita por Brian Stelter, proclamava a internet como "o lugar onde morre o anonimato".[2] As duas mensagens falavam em uníssono, previam e anunciavam o fim da invisibilidade e do anonimato, os dois atributos definidores da privacidade – embora os textos tenham sido escritos independentemente e sem conhecimento da existência do outro.

Os *drones* não tripulados, realizando tarefas de espionagem e rastreamento pelas quais os Predators se tornaram famosos ("Mais de 1.900 insurgentes nas áreas tribais do Paquistão foram mortos por *drones* americanos desde 2006"), estão sendo reduzidos ao tamanho de pássaros, preferivelmente ao de insetos. (O bater de asas dos insetos, ao que parece, é mais fácil de imitar tecnologicamente que os movimentos das asas dos pássaros; segundo o major Michael L. Anderson, doutorando em tecnologia de navegação avançada, as complexas habilidades aerodinâmicas da mariposa-esfinge, inseto conhecido pela capacidade de pairar, foram escolhidas como alvo da onda atual de design – não atingido ainda, mas a ser alcançado em breve –, em função de seu potencial de superar qualquer coisa que "nossas desajeitadas aeronaves podem fazer".)

A nova geração de *drones* será invisível enquanto torna tudo mais acessível à visão; eles continuarão imunes, ao mesmo tempo que tornam tudo mais vulnerável. Nas palavras de Peter Baker, professor de ética da Academia Naval dos Estados Unidos, os *drones* farão com que as guerras entrem na "era pós-heroica"; mas também, segundo outros especialistas em "ética militar", vão ampliar ainda mais a já ampla "desconexão entre o público americano e suas guerras"; vão realizar, em outras palavras, um novo salto (o segundo após a substituição do recruta pelo soldado profissional) para tornar a própria guerra quase invisível à nação em nome da qual é travada (a vida de nenhum nativo estará em risco) e, portanto, muito mais fácil – na verdade, muito mais tentadora – de conduzir, graças à ausência quase total de danos colaterais e de custos políticos.

Os *drones* da próxima geração poderão ver tudo, ao mesmo tempo que permanecem confortavelmente invisíveis – em termos literais e metafóricos. Não haverá abrigo impossível de espionar – para ninguém. Até os técnicos que operam os *drones* vão renunciar ao controle de seus movimentos, e assim se tornarão incapazes, embora fortemente pressionados, de isentar qualquer objeto da chance de ser vigiado; os "novos e aperfeiçoados" *drones* serão programados para voar por si próprios, seguindo itinerários de sua própria escolha, no momento em que decidirem. O céu é o limite para as informações que irão fornecer, uma vez postos a operar na quantidade planejada.

Na verdade, esse é o aspecto da nova tecnologia de espionagem e vigilância, dotada como é da capacidade de agir a distância e de modo autônomo, que mais preocupa seus inventores; por conseguinte, os dois jornalistas relatam suas preocupações: "um tsunami de dados" que já está afogando o pessoal dos quartéis da Força Aérea e ameaçando ultrapassar sua capacidade de digeri-los e absorvê-los, e sua capacidade de sair de seu controle (ou do de qualquer outra pessoa). Desde o 11 de Setembro, o número de horas de que os funcionários da Força Aérea necessitam para reciclar as informações fornecidas pelos *drones* aumentou 3.100% – e a cada dia mais 1.500 horas de vídeos são acrescentadas ao volume de informações que demandam processamento. Quando a limitada visão "em túnel" dos sensores dos *drones* for substituída por uma "visão de Górgona", capaz de abarcar uma cidade toda de uma só vez (desenvolvimento iminente), serão necessários 2 mil analistas para tratar as informações transmitidas por um único *drone*, em lugar dos noventa que hoje fazem esse trabalho. Mas isso apenas significa, permita-me comentar, que pescar um objeto "interessante" ou "relevante" num poço de dados sem fundo vai exigir trabalho duro e custar muito dinheiro; não que qualquer objeto potencialmente interessante possa garantir-se contra a possibilidade de ser arrastado para esse poço. Ninguém saberá com certeza se ou quando um beija-flor irá pousar em sua janela.

Quanto à "morte do anonimato" por cortesia da internet, a história é ligeiramente diferente: submetemos à matança nossos direitos de privacidade por vontade própria. Ou talvez apenas consintamos em perder a privacidade como preço razoável pelas maravilhas oferecidas em troca. Ou talvez, ainda, a pressão no sentido de levar nossa autonomia pessoal para o matadouro seja tão poderosa, tão próxima à condição de um rebanho de ovelhas, que só uns poucos excepcionalmente rebeldes, corajosos, combativos e resolutos estejam preparados para a tentativa séria de resistir. De uma forma ou de outra, contudo, nos é oferecida, ao menos nominalmente, uma escolha, assim como ao menos a aparência de um contrato em duas vias e o direito formal de protestar e processar se ele for rompido, algo jamais assegurado no caso dos *drones*.

Da mesma forma, uma vez dentro, nos tornamos reféns do destino. Como observa Brian Stelter, "a inteligência coletiva dos 2 bilhões de usuários da internet e as pegadas digitais que tantos deles deixam nos sites combinam-se para tornar cada vez mais provável que todo vídeo embaraçoso, toda foto íntima e todo e-mail indelicado seja relacionado à sua fonte, quer esta o deseje, quer não". Levou apenas um dia para que Rich Lam, fotógrafo freelance que documentou os distúrbios de rua em Vancouver, rastreasse e identificasse um casal registrado (acidentalmente) em uma de suas fotos se beijando apaixonadamente.

Tudo o que é privado agora é feito potencialmente em público – e está potencialmente disponível para consumo público; e continua sempre disponível, até o fim dos tempos, já que a internet "não pode ser forçada a esquecer" nada registrado em algum de seus inumeráveis servidores.

> Essa erosão do anonimato é produto dos difundidos serviços da mídia social, de câmeras em celulares baratos, sites grátis de armazenamento de fotos e vídeos e, talvez o mais importante, de uma mudança na visão das pessoas sobre o que deve ser público e o que deve ser privado.

Todas essas engenhocas tecnológicas são, pelo que nos dizem, "amigáveis ao usuário" – embora essa expressão favorita dos textos de publicidade signifique, sob exame mais minucioso, um produto que fica incompleto sem o trabalho do usuário, tal como os móveis da Ikea.* E, permita-me acrescentar, sem a devoção entusiástica nem o aplauso ensurdecedor dos usuários. Um Étienne de la Boétie contemporâneo provavelmente ficaria tentado a falar de servidão, mas não voluntária, e sim do tipo "faça você mesmo".

Que conclusão se pode extrair desse encontro entre os operadores de *drones* e os operadores de contas do Facebook? Entre dois tipos de operadores atuando em função de objetivos aparentemente conflitantes e estimulados por motivos aparentemente opostos, e no entanto cooperando intimamente, de boa vontade e de forma bastante efetiva para criar, manter e expandir aquilo que você apelidou, com muita felicidade, de "categorização social"?

Creio que o aspecto mais notável da edição contemporânea da vigilância é que ela conseguiu, de alguma maneira, forçar e persuadir opositores a trabalhar em uníssono e fazê-los funcionar de comum acordo, a serviço de uma mesma realidade. Por um lado, o velho estratagema pan-óptico ("Você nunca vai saber quando é observado em carne e osso, portanto, nunca imagine

---

* Empresa sueca produtora de móveis baratos que devem ser montados pelo cliente. (N.T.)

que não está sendo espionado") é implementado aos poucos, mas de modo consistente e aparentemente inevitável, em escala quase universal. Por outro, com o velho pesadelo pan-óptico ("Nunca estou sozinho") agora transformado na esperança de "Nunca mais vou ficar sozinho" (abandonado, ignorado e desprezado, banido e excluído), o medo da exposição foi abafado pela alegria de ser notado.

Os dois desenvolvimentos – e acima de tudo sua conciliação e cooperação na promoção da mesma tarefa – foram evidentemente possibilitados por exclusão, e prisão e confinamento assumiram o papel da ameaça mais admirável à segurança existencial e da principal fonte de ansiedade. A condição de ser observado e visto, portanto, foi reclassificada de ameaça para tentação. A promessa de maior visibilidade, a perspectiva de "estar exposto" para que todo mundo veja e observe, combina bem com a prova de reconhecimento social mais avidamente desejada, e, portanto, de uma existência valorizada – "significativa".

Ter o nosso ser completo, com verrugas e tudo, registrado em arquivos publicamente acessíveis parece o melhor antídoto profilático para a toxicidade da exclusão – assim como uma forma poderosa de manter distante a ameaça de expulsão; é, na verdade, uma tentação a que poucos praticantes da existência social, reconhecidamente precária, se sentiriam com força suficiente para resistir. Creio que a história do recente e fenomenal sucesso dos "websites sociais" é um bom exemplo dessa tendência.

De fato, Mark Zuckerberg, o jovem de vinte anos que abandonou os estudos em Harvard, deve ter topado com uma espécie de mina de ouro ao criar (alguns dizem roubar)[3] a ideia do Facebook – e lançá-la na internet, para uso exclusivo dos alunos de Harvard, em fevereiro de 2004. Isso é bastante óbvio. Mas o que era aquele minério parecido com ouro que o sortudo do Mark descobriu e continua a extrair com lucros fabulosos, que prosseguem em imperturbável crescimento?

No site oficial do Facebook pode-se encontrar a seguinte descrição dos benefícios que tem a reputação de provocar, atrair e seduzir aquele meio bilhão de pessoas para gastar grande parte de seu tempo de vigília em seus domínios virtuais:

> Os usuários podem criar perfis com fotos, listas de interesses pessoais, dados de contato e outras informações pessoais. Podem se comunicar com amigos e outros usuários com mensagens privadas ou públicas e numa sala de bate-papo. Também podem criar grupos de interesse ou juntar-se a algum já existente, como no botão "Curtir" (chamado "Fanpages" até 19 de abril de 2010), que remete a algumas páginas mantidas por organizações como meio de propaganda.

Em outras palavras, o que as legiões de "usuários ativos" abraçaram entusiasticamente ao se juntar às fileiras dessa categoria no Facebook foi a perspectiva de duas coisas com as quais devem ter sonhado, embora sem saber onde procurá-las ou encontrá-las, antes (e até) que a oferta de Mark Zuckerberg a seus colegas de Harvard aparecesse na internet. Em primeiro lugar, eles deviam se sentir solitários demais para serem reconfortados, mas achavam difícil, por um motivo ou outro, escapar da solidão com os meios de que dispunham. Em segundo lugar, deviam sentir-se dolorosamente desprezados, ignorados ou marginalizados, exilados e excluídos, porém, mais uma vez, achavam difícil, quiçá impossível, sair de seu odioso anonimato com os meios à disposição. Para ambas as tarefas, Zuckerberg ofereceu os recursos até então terrivelmente ausentes e procurados em vão; e eles pularam para agarrar a oportunidade. Já deviam estar prontos para saltar, os pés sobre o ponto de partida, os músculos retesados, as orelhas empinadas à espera do tiro de largada.

Como recentemente observou Josh Rose, diretor de criação digital da agência de publicidade Deutsch LA: "A internet não nos rouba a humanidade, é um reflexo dela. A internet não entra em nós, ela mostra o que há ali."[4] Como ele está certo. Jamais culpe o mensageiro pelo que você considera ruim na mensagem que ele entregou, mas também não o louve pelo que considera bom.

Afinal, alegrar-se ou desesperar-se com a mensagem depende das preferências e animosidades do destinatário.

O que se aplica a mensagens e mensageiros também se aplica, de certa forma, às coisas que a internet oferece e a seus "mensageiros" – as pessoas que as exibem em nossas telas e as tornam objeto de nossa atenção. Nesse caso, são os usos que nós – todo o meio bilhão de "usuários ativos" do Facebook – fazemos dessas ofertas que as tornam, assim como seu impacto em nossa vida, boas ou más, benéficas ou prejudiciais. Tudo depende do que estamos procurando; engenhocas eletrônicas só tornam nossas aspirações mais ou menos realistas e nossa busca mais rápida ou mais lenta, mais ou menos eficaz.

DL: Sim, também gosto da ênfase naquilo que o uso da internet e da mídia social revela sobre nossas relações sociais, ainda mais porque isso nos fornece pistas sobre o que está mudando. As questões de "privacidade", por exemplo, estão em mudança constante e são muito mais complexas do que se imaginava. Vemos algo semelhante na conexão entre privacidade e sigilo, sendo este último um tema importante no clássico sociológico de Georg Simmel.[5] Segundo Simmel, não divulgar informações é fundamental para formatar a interação social; o modo como nos relacionamos com outras pessoas depende profundamente do que sabemos sobre elas. Mas o artigo de Simmel foi publicado em inglês em 1906, e o debate precisa ser atualizado, não apenas em função das maneiras pelas quais os fluxos de informação hoje são facilitados, bloqueados e desviados,[6] mas também pelos novos desafios em termos dos "segredos" e de seu impacto nos domínios públicos da mídia social.

No fim do século XX, as ideias de Foucault sobre "confissão" tornaram-se bem conhecidas. Ele pensava que a confissão – digamos, de um crime – havia se tornado um critério-chave de verdade, algo extraído das profundezas do ser de uma pessoa. Ele observou tanto os meios mais privados de confissão – a um padre, por exemplo – quanto os meios públicos, que constituem as manchetes. Na percepção de Foucault, a confissão religiosa era literalmente "boa para a alma", enquanto seus correlativos seculares contemporâneos valorizavam a saúde e o bem-estar pessoais. De toda forma, pensava Foucault, os indivíduos têm um papel ativo em sua própria vigilância. Ora, se Foucault iria considerar confessional ou não o blog em que se revela tudo ou o post "íntimo" no Facebook, isso é assunto para debate. E o que é "público" ou "privado" é algo a ser discutido. A confissão cristã, sussurrada a uma pessoa, tem a ver com humilhação. O blog é transmitido para qualquer um que queira lê-lo e faz propaganda de si mesmo. Tem a ver com propaganda ou pelo menos com exposição pública.

ZB: Há uma diferença profunda entre a compreensão pré-moderna (medieval) da confissão – acima de tudo como admissão de culpa por algo já conhecido antecipadamente por torturadores físicos ou espirituais, que a extraíam à guisa de reafirmação e confirmação da verdade como atributo dos superiores pastorais – e sua compreensão moderna, como manifestação, exteriorização e afirmação de uma "verdade interior", da autenticidade do "self", alicerce da individualidade e da privacidade do indivíduo. Na prática, porém, o advento da sociedade confessional de nosso tempo foi uma ocorrência ambivalente. Assinalou o triunfo final da privacidade, essa invenção inerentemente moderna, mas também o início de sua vertiginosa queda desde os píncaros de seu triunfo. Portanto, era chegada a hora de sua vitória (de Pirro, com certeza); a privacidade invadiu, conquistou e colonizou o domínio público – mas à custa da perda de seu direito ao sigilo, sua característica definidora e seu privilégio mais valorizado e ardentemente defendido.

Um segredo, tal como outras categorias de propriedades pessoais, é por definição a parte do conhecimento cujo compartilhamento com outros é recusada, proibida e/ou estritamente controlada. O sigilo traça e assinala, por assim dizer, a fronteira da privacidade; esta é o espaço daquilo que é do domínio da própria pessoa, o território de sua soberania total, no qual se tem o poder abrangente e indivisível de decidir "o que e quem eu sou", e do qual se pode lançar e relançar a campanha para ter e manter suas decisões reconhecidas e respeitadas. Mas, numa surpreendente guinada de 180 graus em relação aos hábitos de nossos ancestrais, perdemos a coragem, a energia e, acima de tudo, a disposição de persistir na defesa desses direitos, esses tijolos insubstituíveis da autonomia individual.

Nos dias de hoje, o que nos assusta não é tanto a possibilidade de traição ou violação da privacidade, mas o oposto, o fechamento das saídas. A área da privacidade transforma-se num lugar de encarceramento, sendo o dono do espaço privado condenado e sentenciado a padecer expiando os próprios erros; forçado a uma condição marcada pela ausência de ouvintes ávidos por extrair e remover os segredos que se ocultam por trás das trincheiras da privacidade, por exibi-los publicamente e torná-los propriedade comum de todos, que todos desejam compartilhar. *Parece que não sentimos nenhum prazer em ter segredos*, a menos que sejam do tipo capaz de reforçar nossos egos atraindo a atenção de pesquisadores e editores de *talk shows* televisivos, das primeiras páginas dos tabloides e das capas das revistas atraentes e superficiais.

"No cerne das redes sociais há um intercâmbio de informações pessoais." Os usuários sentem-se felizes por "revelar detalhes íntimos de suas vidas pessoais", "postar informações precisas" e "compartilhar fotos". Estima-se que 61% dos adolescentes do Reino Unido com idade entre treze e dezessete anos "têm um perfil pessoal num site da rede" que lhes permite "conviver on-line".[7]

Na Grã-Bretanha, lugar onde o uso popular de dispositivos eletrônicos top de linha está ciberanos atrás do leste da Ásia, os usuários ainda podem acreditar que as "redes sociais" manifestam sua liberdade de escolha, e até que elas sejam uma forma de rebelião e autoafirmação da juventude. Mas na Coreia do Sul, por exemplo, onde, no cotidiano, a maior parte da vida social já é eletronicamente mediada (ou melhor, onde a vida *social* já se transformou em vida *eletrônica* ou *ciber*vida, e onde se leva a maior parte da "vida social" na companhia de um computador, iPod ou celular, e só secundariamente com outros seres de carne e osso), é óbvio para os jovens que eles não têm muita chance de escolha; onde eles vivem, levar a vida social eletronicamente não é mais uma opção, mas uma necessidade do tipo "pegar ou largar". A "morte social" aguarda os poucos que até agora não conseguiram vincular-se ao Cyworld (o equivalente coreano do Facebook). A Coreia do Sul é líder no cibermercado da "cultura do mostre e diga".

Seria um erro grave, contudo, supor que o impulso de exibir publicamente o "eu interior" e a disposição de satisfazê-lo sejam apenas manifestações de um vício geracional, relacionado à idade, de adolescentes ávidos, como naturalmente tendem a ser, por se colocar na "rede" (termo que depressa substitui "sociedade", tanto no discurso das ciências sociais quanto na fala popular) e lá permanecer, embora sem muita certeza sobre a melhor maneira de atingir esse objetivo. A nova tendência à confissão pública não pode ser explicada por fatores "específicos da idade" – de qualquer modo, não *somente* por eles. Eugène Enriquez recentemente resumiu a mensagem transmitida por crescentes evidências recolhidas de todos os setores do mundo líquido moderno de consumidores:

> Desde que não nos esqueçamos de que o que antes era invisível – a cota de intimidade, a vida interior de cada um – agora deve ser obrigatoriamente exposto no palco público (sobretudo nas telas de TV, mas também no palco literário), devemos entender que aqueles que prezam sua invisibilidade tendem a ser rejeitados, postos de lado ou transformados em suspeitos de um crime. A nudez física, social e psicológica está na ordem do dia.[8]

Os adolescentes equipados com confessionários eletrônicos portáteis não passam de aprendizes treinando a (e treinados na) arte de viver numa sociedade confessional; uma sociedade que se destaca por eliminar a fronteira que antes separava o privado do público, por fazer da exposição pública do privado uma virtude e uma obrigação públicas, e por varrer da comunicação pública qualquer coisa que resista a ser reduzida a confidências privadas, juntamente com aqueles que se recusam a confidenciá-las.

Já na década de 1920, quando a iminente transformação da sociedade de produtores em sociedade de consumidores se encontrava em estado embrionário, ou melhor, incipiente (e era, portanto, negligenciada por observadores menos atentos e perspicazes), Siegfried Kracauer, pensador dotado da estranha capacidade de distinguir os contornos quase invisíveis e ainda incompletos de tendências que prefiguravam o futuro, perdidas numa massa informe de caprichos e idiossincrasias, fez o seguinte comentário:

> A investida aos numerosos salões de beleza nasce, em parte, de preocupações existenciais, e o uso de cosméticos nem sempre é um luxo. Por medo de serem postos fora de uso como obsoletos, senhoras e cavalheiros tingem o cabelo, enquanto quarentões praticam esporte para se manter esbeltos. "Como posso ficar bonita", diz o título de um panfleto lançado recentemente no mercado; os anúncios de jornal dizem que ele mostra formas de "continuar jovem e bela agora e sempre".[9]

Os novos hábitos registrados por Kracauer em Berlim, no início da década de 1920, desde então têm se espalhado com notável curiosidade como um incêndio florestal, transformando-se em rotina do dia a dia (ou pelo menos num sonho) por todo o planeta. Oitenta anos depois, Germaine Greer observava que "até nos rincões mais longínquos do noroeste da China as mulheres deixaram de lado seus quimonos por sutiãs acolchoados e blusas sensuais, passaram a cachear e pintar seus cabelos lisos e a economizar para comprar cosméticos. A isso se deu o nome de liberalização".[10]

Estudantes de ambos os sexos, expondo ávida e entusiasticamente suas qualidades, na esperança de atrair a atenção e também, possivelmente, ganhar o reconhecimento e a aprovação necessários para permanecer no jogo da convivência; clientes potenciais forçados a ampliar seus históricos de gastos e limites de crédito para ser mais bem atendidos; possíveis imigrantes lutando para ganhar e exibir *brownie points** como prova da existência de uma demanda por seus serviços a fim de ter suas solicitações aprovadas; essas três categorias de pessoas, aparentemente tão distintas, assim como miríades de outras categorias forçadas a se vender no mercado e procurando, para isso, a melhor oferta, são incitadas, instigadas ou obrigadas a promover uma *mercadoria* atraente e desejável; assim, fazem todo o possível, usando os melhores recursos à disposição, para aumentar o valor de mercado dos artigos que estão vendendo. Os produtos que elas são estimuladas a colocar no mercado, assim como promover e vender, são *elas próprias*.

Elas são, simultaneamente, *promotoras de produtos* e os *produtos que promovem*. São, ao mesmo tempo, a mercadoria e seus agentes de marketing, os artigos e seus vendedores itinerantes (e, permita-me acrescentar, qualquer estudioso que tenha se candidatado a uma função professoral ou à concessão de verbas de pesquisa reconhecerá facilmente nessas experiências seus próprios apuros). Não importa como as enquadre o responsável pelas tabelas de estatísticas, todas elas habitam o mesmo espaço social conhecido pelo nome de *mercado*. Não interessa em que rubrica suas preocupações sejam classificadas por arquivistas do governo ou jornalistas investigativos, a atividade em que todas estão envolvidas (por escolha ou necessidade, ou mais comumente por ambas) é o *marketing*. O teste em que precisam passar para ganhar os prêmios sociais que ambicionam exige que *elas mesmas se reclassifiquem como mercadorias*: ou seja, como produtos capazes de atrair não apenas atenção, mas *demanda* e *clientes*.

Hoje, "consumir" significa nem tanto as delícias do paladar, mas investir na própria afiliação social, que na sociedade de consumidores se traduz como "potencial de venda"; desenvolver qualidades para as quais já exista uma demanda de mercado

---

* *Brownie points*: crédito não monetário recebido por esforços feitos, mesmo que os resultados não tenham atingido o objetivo. (N.T.)

ou transformar aquelas que já se possui em mercadorias para as quais ainda se possa criar uma demanda. A maior parte das mercadorias de consumo oferecidas no mercado deve sua atração e seu poder de recrutar ávidos consumidores a seu valor de *investimento*, seja ele genuíno ou imputado, explicitamente propalado ou obliquamente implícito. Sua promessa de aumentar o poder de atração (e em consequência o preço de mercado) de seus compradores é explicitada – em letras grandes ou pequenas, ou pelo menos nas entrelinhas – na descrição de cada produto. Isso inclui os produtos que em aparência são comprados, principal ou exclusivamente, em função do prazer do consumidor. O consumo é um investimento em qualquer coisa que sirva para o "valor social" e a autoestima do indivíduo.

O propósito crucial, talvez decisivo, do consumo na sociedade de consumidores (embora raras vezes seja explicitado com tantas palavras e menos frequentemente ainda debatido no âmbito público) não é a satisfação de necessidades, desejos e vontades, mas a comodificação ou recomodificação do consumidor: *elevar o status dos consumidores ao de mercadorias vendáveis*. Por essa razão, em última instância, passar no teste de consumidor é condição inegociável para a admissão numa sociedade que foi remodelada à feição do mercado. Passar no teste é a precondição *não* contratual de todas as relações *contratuais* que constituem a rede de relacionamentos chamada "sociedade de consumidores" e que nela se constituem. É essa precondição, que não permite exceções nem tolera recusas, que consolida o agregado de transações vendedor/comprador numa totalidade imaginada; ou que, mais exatamente, permite que esse agregado seja vivenciado como uma totalidade chamada "sociedade" – entidade a que se pode atribuir a capacidade de "fazer demandas" e coagir atores a obedecê-las –, possibilitando que se impute a isso o status de "fato social", no sentido durkheimiano.

Permita-me repetir: *os membros da sociedade de consumidores são, eles próprios, mercadorias de consumo*, e é essa qualidade que os torna integrantes legítimos dessa sociedade. Tornar-se e continuar a ser uma mercadoria vendável é o mais poderoso motivo de preocupações do consumidor, ainda que quase sempre oculto e poucas vezes consciente, que dirá explicitamente declarado. É por seu poder de aumentar o preço de mercado do consumidor que o poder de atração dos bens de consumo – atuais ou potenciais objetos de desejo que desencadeiam a ação do consumidor – tende a ser avaliado. "Fazer de si mesmo uma mercadoria vendável" é um trabalho do tipo "faça você mesmo", uma tarefa individual. Observemos: "*fazer* de si mesmo", não apenas *tornar-se*, este é o desafio e a tarefa.

Ser membro da sociedade de consumidores é uma tarefa assustadora, além de um esforço penoso e interminável. O medo de não conseguir conformar-se foi deslocado pelo medo da inadequação, mas nem por isso se tornou menos apavorante. Os mercados de consumo são ávidos por tirar proveito desse medo, e as empresas que produzem bens de consumo competem pelo status de guias e auxiliares mais confiáveis nos intermináveis esforços de seus clientes para enfrentar o desafio. Elas fornecem "as ferramentas", os instrumentos exigidos para o trabalho de "autofabricação" individualmente executado. Os produtos que apresentam como "ferramentas" para uso individual na tomada de decisões são de fato decisões tomadas por antecipação. Já estavam prontas muito antes de o indivíduo ser confrontado com a tarefa (apresentada como oportunidade) de decidir. É absurdo pensar nessas ferramentas como algo que possibilite ao indivíduo escolher seu propósito. Esses instrumentos são cristalizações de uma "necessidade" irresistível – que, agora como antes, os seres humanos devem aprender, obedecer e aprender a obedecer para serem livres.

O espantoso sucesso do Facebook não deveria ser atribuído a seu papel de mercado, onde, a cada dia, essa necessidade profunda pode se encontrar com uma emocionante liberdade de escolha?

DL: Você afirmou um pouco antes que a Grã-Bretanha está atrás de um país como a Coreia do Sul em termos do grau em que as relações sociais entre os jovens são mediadas eletronicamente. É verdade, claro, que a penetração de mercado – como a chamam – da mídia móvel e do Cyworld é maior na Coreia do Sul que no Reino Unido, mas haverá alguma razão pela qual isto não possa se igualar? Não consigo imaginar um motivo sequer. Mas "igualar-se" pode não ser a melhor maneira de conceber isso, porque na verdade estamos falando de fenômenos bem diversos. Cyworld e Facebook não são a mesma coisa. A dinâmica difere com a história e a cultura.

Mas em ambos os casos há questões difíceis. A sociologia agora é obrigada a se entender com o digital para não deixar de investigar e teorizar sobre espaços inteiros de atividade cultural significativa. Para início de conversa, a simples dependência tecnológica tem de ser considerada relevante em qualquer explicação social digna desse nome. São tantos os relacionamentos em parte – ou na totalidade – vivenciados on-line que uma sociologia sem o Facebook é inadequada. Independentemente de como o entenda a geração mais velha, o Facebook se tornou um meio básico de comunicação – de "conexão", como expressa o próprio Facebook – e é agora uma nova dimensão da vida cotidiana para milhões de pessoas.

Daniel Miller, por exemplo, tem um livro recente, *Tales from Facebook*, de 2011, no qual mostra como esse meio digital está repleto de vida social de formas bastante profundas. Casais podem olhar o Facebook para descobrir se o "status de suas relações" continua intacto ou foi alterado por um clique do mouse do outro. Nos contos de Miller, esses parceiros podem culpar o Facebook por desempenhar algum papel no rompimento, ainda que eles próprios continuem a usá-lo. Mesmo nesse nível, há aspectos secundários de vigilância, já que os parceiros também ficam de olho na competição e fazem seus movimentos com base no que parecem informações fidedignas mostradas na tela.

Portanto, a sociologia tem de lidar com o digital. Mas uma coisa é observar que a mediação eletrônica é um fenômeno em rápida expansão, e mesmo perceber de que modo, no trabalho e na diversão, essa nova mídia pode ser "considerada relevante". Outra coisa é lidar criticamente com os significados profundos dessa mediação e oferecer perspectivas críticas. Claramente, você não tenta ocultar sua preocupação com as relações aparentemente efêmeras e fragmentárias que parecem fomentadas – ou pelo menos facilitadas – por essa nova mídia.

Claro que você não está sozinho nisso. Sherry Turkle, que na década de 1980 escreveu, em tom de aprovação, sobre as possibilidades experimentais da nova mídia eletrônica por desenvolver o que ela chamou de "*the second self*" (nome de seu livro), e estudou isso de maneira fascinante, em meados da década seguinte, em *Life on Screen*, agora, em *Alone Together*, mudou de tom. "Hoje, inseguros em nossos relacionamentos e ansiosos por intimidade, recorremos à tecnologia, ao mesmo tempo em busca de maneiras de viver relacionamentos e de nos proteger deles."[11] Seu mote é que esperamos mais da tecnologia e menos uns dos outros.

Eu concordo com você: a sociologia é inelutavelmente crítica e deve analisar o que está realmente acontecendo. A obra de Sherry Turkle tornou-se muito mais crítica que antes. Mas essas questões sobre o que os sociólogos poderiam chamar de "relacionalidade" digital dão outra guinada quando pensamos sobre as dimensões de vigilância da nova mídia. Não que as relações pré-digitais estivessem de alguma forma isentas de vigilância – longe disso. Mas agora determinados tipos de vigilância estão rotineiramente envolvidos na mediação digital dos relacionamentos. Isso é válido em diversos níveis, desde a perseguição obsessiva do dia a dia (agora mencionada sem desaprovação) na mídia social até o marketing multinível* e outras formas de vigilância administrativa on-line, que também afetam os relacionamentos.[12]

Minha pergunta é: se ou em que medida as relações digitalmente mediadas estarão sempre comprometidas, de alguma forma, por esse fato de natureza técnica, ou se o digital também pode apoiar o social? Isso afeta profundamente meu trabalho sobre vigilância, porque sempre afirmei que um problema-chave da vigilância contem-

---

* Marketing multinível ou marketing em rede (em inglês, *marketing layers*): forma de vender produtos e serviços sem intermediários e sem o custo de campanhas publicitárias, por meio de uma estrutura disposta em camadas de distribuidores autônomos e independentes, num formato basicamente propiciado pela internet. (N.T.)

porânea é seu foco estrito no controle, que rapidamente exclui qualquer preocupação com a *proteção*. Como as tecnologias eletrônicas servem muito frequentemente para amplificar alguns dos aspectos mais questionáveis da vigilância burocrática (mais distância, menos concentração no rosto, o que iremos debater em outro diálogo), deveríamos concluir que *toda* vigilância produz erosão do social? Ou, alternativamente (o que também veremos adiante), será que são possíveis formas responsáveis e até *protetoras* de vigilância digital?

ZB: Você está absolutamente certo em formular essas questões. Nossa vida divide-se (e cada vez mais, quando passamos das gerações mais velhas para as mais jovens) entre dois universos, "on-line" e "off-line", e é irreparavelmente bicentrada. Como nossa vida se estende por dois universos, cada qual com um conteúdo substantivo e regras de procedimento próprias, tendemos a empregar o mesmo material linguístico ao nos movermos entre um e outro, sem perceber a mudança de campo semântico cada vez que cruzamos a fronteira. Há, portanto, uma interpenetração inevitável. A experiência obtida em um universo não pode deixar de reformar a axiologia que orienta a avaliação do outro. Parte da vida passada em um dos dois universos não pode ser descrita corretamente, seu significado não pode ser apreendido, nem sua lógica e sua dinâmica entendidas sem referência ao papel desempenhado em sua constituição pelo outro universo. Quase toda noção relacionada aos processos de vida do presente porta, inevitavelmente, a marca de sua bipolaridade.

Josh Rose, que já mencionei antes, prosseguiu como que instigado pelas suas (e, devo acrescentar, minhas) preocupações:

> Recentemente fiz esta pergunta a meus amigos do Facebook: "Twitter, Facebook, Foursquare… Isso tudo está fazendo você se sentir mais próximo das pessoas ou mais afastado?" Ela provocou um monte de respostas, e parecia tocar num dos nervos expostos de nossa geração. Qual o efeito da internet e da mídia social sobre nossa humanidade? Vistas de fora, as interações digitais parecem

frias e desumanas. Não há como negar isso. E, sem dúvida, dada a escolha entre abraçar e "cutucar"* uma pessoa, acho que todos concordaremos quanto ao que é melhor. O tema das respostas à minha pergunta no Facebook foi resumido por meu amigo Jason, que escreveu: "Mais próximo de pessoas das quais estou afastado." Então, um minuto depois, acrescentou: "Porém, mais afastado de pessoas de que sou muito próximo." E ainda: "Fiquei confuso." Mas *é* confuso. Agora vivemos esse paradoxo em que duas realidades aparentemente conflitantes coexistem lado a lado. A mídia social simultaneamente nos aproxima e nos distancia.

Reconhecidamente, Rose estava preocupado em fazer avaliações inequívocas – como de fato se deveria estar no caso de uma transação seminal, porém arriscada, como a troca de esparsos incidentes de "proximidade" off-line pela volumosa variedade on-line. A "proximidade" trocada talvez fosse mais satisfatória, porém consumia tempo e energia, e era cercada de riscos; a "proximidade" adotada sem dúvida é mais rápida, quase não exige esforço e é praticamente livre de riscos, mas muitos a consideram muito menos capaz de aplacar a sede de companhia plena. Ganha-se uma coisa, perde-se outra – e é terrivelmente difícil decidir se os ganhos compensam as perdas; além disso, uma decisão está de uma vez por todas fora de questão – você vai achar a opção tão frágil e provisória quanto a "proximidade" que obteve.

O que você obteve foi uma rede, não uma "comunidade". Como vai descobrir mais cedo ou mais tarde (desde que, claro, tenha esquecido ou deixado de aprender o que era uma "comunidade", ocupado como está em construir e desfazer redes), elas não são mais parecidas que alhos e bugalhos. Pertencer a uma comunidade é uma condição mais segura e garantida do que ter uma rede – embora, reconhecidamente, com mais restrições e obrigações. A comunidade o observa de perto e deixa pouco

---

* No Facebook, quando clica no botão "cutucar", o usuário emite um alerta para alguma pessoa com quem deseja estabelecer contato. (N.T.)

espaço para manobras (ela pode bani-lo e exilá-lo, mas não permitirá que você saia por vontade própria). Uma rede, contudo, pode ter pouca ou nenhuma preocupação com sua obediência às normas por ela estabelecidas (se é que uma rede tem normas, o que frequentemente não ocorre), e portanto o deixa muito mais à vontade, e acima de tudo não o pune por sair dela. Você pode acreditar que uma comunidade seja "um amigo nas horas difíceis, e portanto um verdadeiro amigo". Mas as redes funcionam mais para compartilhar diversão, e sua disponibilidade para vir em seu socorro no caso de problemas que não se relacionem a esse "foco de interesse" comum dificilmente é posta à prova; se o fosse, ainda mais dificilmente passaria na prova.

No final, a escolha é entre segurança e liberdade: você precisa de ambas, mas não pode ter uma sem sacrificar pelo menos parte da outra; e quanto mais tiver de uma, menos terá da outra. Em matéria de segurança, as comunidades ao estilo antigo batem de longe as redes. Em matéria de liberdade, é exatamente o contrário (afinal, basta pressionar a tecla "delete" ou decidir parar de responder a mensagens para se livrar de sua interferência).

Além disso, há uma diferença enorme, realmente profunda e intransponível, entre "abraçar" e "cutucar" alguém, como mostra Rose; em outras palavras, entre a variedade on-line de "proximidade" e seu protótipo off-line, entre profundo e raso, quente e frio, sincero e superficial. A escolha é sua, e é muito provável que você continue a escolher, e dificilmente poderá evitá-lo, mas é melhor escolher sabendo aquilo pelo qual está optando – e se preparar para assumir o custo de sua escolha. Pelo menos é isso que Rose parece sugerir, e não há como contestar seu conselho. Como diz Sherry Turkle na passagem que você menciona: "Hoje, inseguros em nossos relacionamentos e ansiosos por intimidade, recorremos à tecnologia, ao mesmo tempo em busca de maneiras de viver relacionamentos e de nos proteger deles."

Assim, os nomes e fotos que os usuários do Facebook chamam de "amigos" são próximos ou distantes? Um dedicado "usuário ativo" do Facebook proclamou recentemente que conseguiu fazer quinhentos novos amigos em um dia – ou seja, mais do que consegui em 86 anos de vida. Mas Robin Dunbar, antropólogo evolucionista da Universidade de Oxford, insiste em que "nossas mentes não são planejadas [pela evolução] para permitir que tivéssemos mais que um número limitado de pessoas em nosso mundo social". Na verdade, Dunbar calculou esse número; ele descobriu que "a maioria de nós só pode manter cerca de 150 relacionamentos significativos". De modo nada inesperado, chamou esse montante, imposto pela evolução (biológica), de "número de Dunbar". Essa centena e meia, podemos comentar, é o número atingido mediante evolução biológica por nossos ancestrais remotos. E foi aí onde ela parou, deixando o campo aberto para sua sucessora muito mais rápida, ágil, habilidosa, acima de tudo mais capaz e menos paciente – a chamada "evolução cultural" (promovida, moldada e dirigida pelos próprios seres humanos, empregando o processo de ensinamento e aprendizagem, em vez de mudar o arranjo dos genes).

Observemos que 150 era provavelmente o maior número de criaturas capazes de se reunir, permanecer juntas e cooperar lucrativamente, sobrevivendo apenas da caça e da coleta; o tamanho de uma horda proto-humana não conseguia ultrapassar esse limite mágico sem convocar, ou melhor, conjurar forças e (sim!) ferramentas além de dentes e garras. Sem essas outras forças e ferramentas ditas "culturais", a proximidade permanente de um número maior de pessoas teria sido insustentável; assim, a capacidade de "ter em mente" um montante maior seria supérflua.

"Imaginar" uma totalidade mais ampla do que aquela acessível aos sentidos era desnecessário e, naquelas circunstâncias, inconcebível. As mentes não precisavam armazenar o que os sentidos não haviam tido a oportunidade de apreender. A chegada da cultura deveria coincidir, como de fato ocorreu, com o momento em que se ultrapassou o "número de Dunbar"? Teria sido esse o primeiro ato de transgressão dos "limites naturais"? E como transgredir os limites (sejam eles "naturais" ou autoestabelecidos) é o traço definidor e o próprio modo de ser da cultura, ele é também o ato que marca seu nascimento?[13]

As "redes de relacionamento" com base eletrônica prometiam romper as intrépidas e recalcitrantes limitações à sociabilidade estabelecidas por nosso equipamento transmitido pela genética. Bem, diz Dunbar, não o fizeram e não o farão: a promessa só pode ser quebrada. "Sim", diz ele em seu artigo publicado no *New York Times* em 25 de dezembro de 2010, "você pode estabelecer 'amizade' com 500, mil, até 5 mil pessoas em sua página no Facebook, mas todos, com exceção do núcleo de 150, são meros voyeurs observando sua vida cotidiana." Entre esses milhares de amigos do Facebook, as "relações significativas", sejam elas eletrônicas ou vividas off-line, estão restringidas, tal como antes, aos limites intransponíveis do "número de Dunbar". O verdadeiro serviço prestado pelo Facebook e outros sites "sociais" dessa espécie é a manutenção de um núcleo estável de amigos nas condições de um mundo altamente inconstante, em rápido movimento e acelerado processo de mudança.

Nossos ancestrais distantes tiveram uma facilidade: assim como as pessoas que lhe eram próximas e queridas, eles tendiam a morar no mesmo lugar do berço ao túmulo, ao alcance da vista uns dos outros. Isso indica que a base "topográfica" dos vínculos de longo prazo, e até para toda a vida, não tende a reaparecer, muito menos a ser imune ao fluxo do tempo, vulnerável como é às vicissitudes das histórias de vida individuais. Por felicidade, agora temos formas de "permanecer em contato" que são plena e verdadeiramente "extraterritoriais", e, portanto, independentes do grau e da frequência da proximidade física.

"O Facebook e outros sites de rede social", e apenas eles – insinua Dunbar – "nos permitem manter amizades que de outro modo logo definhariam." Mas esse não é todo o benefício que proporcionam: "Eles nos permitem reintegrar nossas redes de modo que, em vez de termos vários subgrupos de amigos desconectados, podemos reconstruir, *embora virtualmente*, o tipo de comunidade rural antiga, em que todo mundo conhecia todo mundo" (grifo meu); no caso da amizade, ao menos, pelo que está implícito no texto de Dunbar, ainda que não com tantas palavras; foi refutada, assim, a ideia de Marshall McLuhan, de que "o meio é a mensagem", embora sua outra memorável sugestão, a do advento de uma "aldeia global", tenha se tornado realidade. "Ainda que virtualmente."

Há motivo para suspeitar de que são essas facilidades que têm assegurado e garantido a tremenda popularidade dos sites das "redes sociais"; e que fez de seu autoproclamado inventor e, sem dúvida, marqueteiro-chefe, Mark Elliot Zuckerberg, um multibilionário instantâneo. Essas faculdades permitiram que o avanço moderno rumo ao desembaraço, à conveniência e ao conforto enfim alcançasse, conquistasse e colonizasse uma terra até então teimosa e apaixonadamente independente dos vínculos humanos. Tornaram essa terra livre de riscos, ou quase; impossibilitaram, ou quase, que pessoas não mais desejáveis abusassem da hospitalidade; fizeram com que reduzir as perdas fosse uma coisa gratuita. No cômputo geral, conseguiram a façanha de enquadrar o círculo, de preservar uma coisa e ao mesmo tempo destruí-la. Ao livrar a atividade do inter-relacionamento de toda e qualquer amarra, esses sites puxaram e removeram a mosca feia da inquebrantabilidade que costumava manchar o doce unguento da convivência humana.

DL: Muito do que você diz ressoa em mim, Zygmunt. Mas, de minha parte, estou profundamente consciente do fato de que não integro a geração Facebook. Sou o que chamam de imigrante digital que teve de encontrar seu caminho numa nova cultura, e não um nativo digital, para quem o Facebook é uma maneira garantida e indispensável de se conectar com os outros. Evidentemente, conseguimos perceber as formas pelas quais os usuários do Facebook são "comodificados"; que a palavra "amigo", tal como a entendemos, é imprópria quando se refere a milhares de pessoas; e que, como instrumento de vigilância, o Facebook não apenas extrai dados úteis das pessoas, mas também, de modo brilhante, permite que elas façam as classificações iniciais, identificando-se como "amigos". Falar sobre conspiração com vigilância! Mas também é fácil demais ver como as pessoas podem ser *usadas* pelo Facebook e esquecer que, da mesma forma, elas usam o Facebook de modo constante, entusiástico e viciador.

Nos estudos sobre vigilância, é fácil demais para nós acabar tratando os usuários do Facebook (ou, nesse sentido, qualquer outra pessoa) como incautos culturais. Reconhecemos que os aficionados da mídia social encontram benefícios conectivos em seus posts, mensagens, fotos, atualizações, curtidas e cutucadas; mas, ao mesmo tempo, tem-se a impressão de que as formas pelas quais eles são seguidos e enredados em suas trilhas de dados ultrapassam totalmente a significação do divertimento. Então, fico imaginando se você comentaria algumas questões que me parecem pertinentes a esse respeito.

A primeira delas é: como você explica a palpável popularidade da mídia social? Seria possível que, num mundo líquido moderno caracterizado por relacionamentos de curto prazo, compromissos "até segunda ordem" e altos níveis de mobilidade e velocidade, a mídia social preencha (ainda que inadequadamente) uma lacuna? As antigas comunidades face a face da aldeia em que todos conheciam todos são o tema de livros históricos romantizados ou, para alguns, de memórias claustrofóbicas. Mas o desejo de encontrar amigos, ainda que pouco estáveis, ou pelo menos de estabelecer algumas conexões com outros seres humanos, continua forte e talvez até seja estimulado pelo que se percebe como perdas em matéria de "comunidade".

A segunda pergunta é: se a mídia social é ativamente *usada pelas* pessoas em função de seus próprios objetivos, o que acontece quando esses objetivos se opõem aos das empresas ou governos que podem estar *utilizando-os*? Considere estes exemplos: uma campanha do McDonald's pelo Twitter usando um *hashtag* (palavra-chave precedida do símbolo #) para gerar histórias afirmativas sobre boas experiências com as refeições; contra-ataque dos clientes insatisfeitos que aproveitam a oportunidade para se queixar de envenenamento pela comida e do serviço deficiente.[14] Se o Facebook e seus usuários têm conflitos, estes quase sempre são sobre o modo como são utilizadas as informações pessoais.

Diversos recursos novos, como Beacon* ou Linha do Tempo, têm provocado a ira dos usuários, que desafiam o poder do Facebook de enfrentar o fogo, sua capacidade de apagar as chamas. Num outro plano, a mídia social tem sido empregada com preeminência numa série de protestos e movimentos democráticos, da chamada Primavera Árabe aos eventos do Occupy em 2011. Decerto isso também possibilitou que as autoridades rastreassem os manifestantes. Mas será que esse aspecto anula a utilidade da mídia social em termos da organização de movimentos dessa natureza?

Trata-se de uma questão complexa, bem sei, e você já apontou que a mídia social se distingue por criar *redes*. Estas se caracterizam por laços tênues, bons para aumentar a participação ou espalhar novas ideias e informações – o que é embaraçoso para o McDonald's, por exemplo. Mas quem sabe eles seriam diferentes dos tipos de relacionamento com laços sólidos que tendem a favorecer a persistência, o autossacrifício e a assunção de riscos?[15] No entanto, enquanto estou dizendo isso, parece que algumas das características desses compromissos com vínculos sólidos são visíveis ao menos em alguns países da Primavera Árabe.

ZB: O que você está dizendo é que uma faca pode ser usada para fatiar pão ou para cortar gargantas. Não há dúvida de que você está certo. Mas diferentes pães e gargantas são cortados no caso da faca em particular denominada conexões/desconexões, integrações/separações on-line, e eu falo mais sobre a substância da interação e dos vínculos interpessoais a que essa determinada faca é aplicada, especialmente em seu efeito do tipo "o meio é a mensagem".

Permita-me ilustrar brevemente essa ambiguidade com o exemplo do sexo mediado e executado on-line. E referir-me, para esse propósito, à brilhante e acurada observação de Jean-Claude Kaufmann, de que, graças à "computadorização" do namoro e do

---

* O Beacon permitia que fossem enviados para o Facebook dados de websites externos relatando atividades dos usuários fora do site; depois de uma ação judicial, o Beacon foi retirado do Facebook, em setembro de 2009. (N.T.)

"encontro", o sexo "agora é mais confuso que nunca". Jean-Claude Kaufmann acertou na mosca com essas palavras. Diz ele:

> Segundo o ideal romântico, tudo começou com o sentimento que se desenvolveu em desejo. O amor levou (via matrimônio) ao sexo. Agora, parece que temos opções muito diferentes: podemos praticar sexo alegremente como atividade de lazer ou optar por um compromisso de longo prazo. A primeira opção significa que o autocontrole é basicamente uma questão de evitar compromisso: temos o cuidado de não nos apaixonar (muito). … A linha divisória entre sexo e sentimento está se tornando cada vez menos nítida.[16]

Kaufmann parte para deslindar esse emaranhado, mas não para desemaranhar o que se mostrou tão resistente a todo e qualquer esforço nesse sentido quanto o nó górdio.

As duas opções, assinala Kaufmann, referem-se a dois modelos conflitantes de "individualidade": de modo correspondente, indivíduos contemporâneos pressionados a seguir os dois tendem a ser puxados em direções opostas. Por um lado, há o "modelo econômico, presumindo que os indivíduos sempre agem com base no autointeresse racional. O modelo alternativo é fornecido pelo amor. Este permite que o indivíduo abandone o self egoísta do passado e se dedique aos outros." (Essa descrição do amor, contudo, em minha visão, não é correta: os modelos "econômico" e do "amor" certamente se situam em profunda oposição – mas não da mesma forma que egoísmo e altruísmo; na verdade, é o "modelo econômico" que classifica egoísmo e altruísmo – "ser bom para si mesmo" e "ser bom para os outros" – como atitudes conflitantes; enquanto, no amor, os dois antagonistas aparentes e inimigos jurados se unem, se aglutinam e se misturam – e não são mais separáveis ou distinguíveis um do outro.)

A primeira opção é construída segundo a "ilusão consumista":

> ela quer que acreditemos ser possível escolher um homem (ou uma mulher) da mesma forma que escolhemos um iogurte num

hipermercado. Mas não é assim que funciona o amor. O amor não pode ser reduzido ao consumismo, e isso provavelmente é bom. A diferença entre um homem e um iogurte é que uma mulher não pode trazer um homem para sua vida com a expectativa de que tudo permaneça igual.

Mas, graças à "ilusão consumista",

tudo parece bastante seguro. Ela pode fazer o login com um clique e o logoff com outro. ... Um indivíduo armado de mouse imagina estar no controle total e absoluto de seus contatos sociais. ... Todos os obstáculos usuais parecem ter desaparecido, abrindo-se um mundo de possibilidades infinitas. ... Uma mulher na net é como uma criança perdida numa loja de doces.

Tudo parece limpo, seguro e simpático, a menos... Sim, eis a dificuldade, a menos que surjam sentimentos, e o amor se aqueça, confundindo o raciocínio.

Por vezes Kaufmann se aproxima perigosamente de imputar a responsabilidade dessa confusão à enganosa brandura e docilidade do mouse e à revolução computacional que o colocou nas mãos de todos; mas tem consciência de que as raízes do problema estão fincadas muito mais profundamente nos dilemas existenciais em que a sociedade atual lança seus integrantes. No final, ele faz a observação correta:

A sociedade está obcecada com a busca de prazer, tem uma atração pela aventura e está interessada em novas e mais intensas sensações, mas também precisa da estabilidade e da certeza que nos estimulam a evitar assumir riscos e a não ir muito longe. É por isso que os acontecimentos atuais parecem tão contraditórios.

Bem, permita-me comentar, não parecem apenas. *São* contraditórios. Tão contraditórios quanto a necessidade de liberdade e de aventura, e quanto aos instrumentos e estratagemas socialmente fornecidos para atender a cada uma dessas necessidades, mas dificilmente as duas ao mesmo tempo.

Estamos todos num impasse – uma confusão sem saída clara e livre de riscos. Se você opta pela segurança em primeiro lugar, precisa desistir de muitas das experiências fantásticas que a nova liberdade sexual promete oferecer, e com frequência oferece. No entanto, se você quer sobretudo a liberdade, esqueça um parceiro de cuja mão você possa precisar quando estiver tropeçando por uma paisagem cheia de pântanos traiçoeiros e areias movediças. Entre as duas opções, uma caixa de Pandora escancarada e transbordante! A maldição do namoro pela internet vem da mesma fonte a que costumamos atribuir a sua bênção, como Kaufmann corretamente sugere. Ela emana de uma "zona intermediária em que nada é realmente preordenado, [e] ninguém sabe antecipadamente o que vai acontecer". Em outras palavras, de um espaço em que tudo pode ocorrer, mas nada pode ser feito com algum grau, mesmo pequeno, de certeza, fé e autoconfiança.

Os computadores não são os culpados, ao contrário do que sugerem alguns de seus críticos acostumados a "surfar", em vez de mergulhar e penetrar: a vertiginosa velocidade da brilhante carreira dos computadores deve-se ao fato de eles oferecerem a seus usuários uma oportunidade melhor de fazer o que sempre desejaram, mas não podiam, por falta de ferramentas adequadas. Mas também não são os salvadores, como seus entusiastas, de joelhos, costumam afirmar com impaciência. Essa confusão tem raízes na forma como a condição existencial é manejada e empregada pelo tipo de sociedade que construímos enquanto éramos por ela construídos. E, para nos livrarmos dessa confusão (se é que isso é concebível), precisaríamos ir além da mudança de ferramentas – que, afinal, só nos ajudam a fazer o que de todo modo tentaríamos fazer, quer à maneira de uma fábrica caseira, quer utilizando a tecnologia de ponta que todos desejam.

O fenômeno de tuítes e blogs que convocam as pessoas a ocupar ruas e praças públicas é outro exemplo da mesma ambiguidade. O que primeiro foi ensaiado verbalmente no Facebook e no Twitter agora é vivenciado em carne e osso. E sem perder as características que o tornaram tão benquisto quando praticado na web: a capacidade de aproveitar o presente sem hipotecar o futuro, de ter direitos sem obrigações.

A experiência inebriante da convivência – talvez, quem sabe, seja muito cedo para dizer da solidariedade. Essa mudança, que já está ocorrendo, significa não estar mais sozinho. E exigiu tão pouco esforço para se realizar – pouco mais do que colocar um "d" no lugar do "t" nessa palavra desagradável que é "solitário". Solidariedade sob encomenda, e tão duradoura quanto a demanda (e nem um minuto a mais). Solidariedade não tanto em compartilhar a causa escolhida quanto em ter uma causa; você e todo o resto de nós ("nós", quer dizer, as pessoas da praça) com um propósito, a vida com um significado.

Poucos meses atrás, jovens que faziam uma vigília em tendas armadas em torno de Wall Street enviaram uma carta convidando Lech Walesa, o legendário líder do igualmente legendário movimento polonês Solidariedade, famoso por desencadear o desmantelamento do império soviético com os trabalhadores de estaleiros, minas e fábricas, que permaneceram teimosamente em seus locais de trabalho até que suas reivindicações fossem atendidas. Nessa carta, os jovens reunidos em ruas e praças de Manhattan enfatizavam que eram estudantes e sindicalistas de muitas raças e com as mais variadas histórias de vida e ideias políticas, unidos apenas pelo desejo de "restaurar a pureza moral da economia americana"; que não tinham líder, exceto a crença comum de que 99% dos americanos não toleravam nem podiam tolerar mais a cobiça e a ganância do 1% restante. Os autores da carta disseram que o Solidariedade, na Polônia, dera um exemplo de como muralhas e barreiras podiam ser destruídas e o impossível tornado possível; um exemplo que pretendiam seguir.

As mesmas palavras ou termos semelhantes poderiam ter sido escritos pelas multidões de jovens e nem tanto do movimento dos indignados, de 15 de maio, agitando as praças de Madri, assim como por seus homólogos em 951 cidades de mais de noventa países. Nenhum desses movimentos tem um líder; seu apoio entusiástico vem de todas as veredas da vida, de todas as raças, credos e campos políticos, unidos apenas pela recusa de permitir que as coisas prossigam do jeito que estão. Cada qual tem em mente uma só barreira ou muralha a ser abalada e destruída. Essas barreiras podem variar de um país para outro, mas cada uma delas, acredita-se, bloqueia o caminho que leva a um tipo melhor de sociedade, mais hospitaleiro à humanidade e menos tolerante com a desumanidade. Cada barreira escolhida é vista como aquela cuja demolição tenderá a botar fim a todo e qualquer exemplo de sofrimento que uniu os manifestantes, como o elo que se precisa deslocar para pôr toda a cadeia em movimento. A pergunta sobre como serão as coisas só deve surgir depois que isso for feito e que a área de construção da nova e aperfeiçoada sociedade estiver esvaziada. Como os ingleses costumavam dizer, "Vamos atravessar aquela ponte quando chegarmos lá."

Nesse arranjo de concentração numa única tarefa de demolição, enquanto se deixa vaga a imagem do mundo no dia seguinte, é que reside a força das pessoas nas ruas – assim como sua fraqueza. Já temos muitas provas de que os movimentos dos indignados são de fato todo-poderosos quando agem como brigadas de demolição; mas a prova de sua capacidade de planejar e de construir equipes ainda está pendente. Alguns meses atrás, todos nós vimos com a respiração contida e admiração crescente o maravilhoso espetáculo da Primavera Árabe. É final de outubro, quando escrevo estas palavras – mas ainda esperamos, até agora em vão, pelo Verão Árabe…

E Wall Street quase não percebeu estar "sendo ocupada" por visitantes off-line provenientes do mundo on-line.

· 2 ·

A vigilância líquida como pós-pan-óptico

DAVID LYON: Para aqueles que são apresentados aos estudos consistentes sobre vigilância, a ideia de pan-óptico parece brilhante. Em um plano, é uma teoria de como funciona a vigilância; em outro, um meio de situá-la na história da modernidade. Para Foucault, que reconhecidamente focalizou o projeto do pan-óptico de Bentham como algo que oferecia uma chave para compreender a ascensão de sociedades modernas, autodisciplinadas, o pan-óptico é fundamental.

Entretanto, para alguns que têm se dedicado ao estudo da vigilância há algum tempo, a simples menção do pan-óptico provoca gemidos de exasperação. Para eles, um número grande demais de pessoas esperou muito do pan-óptico, e, como resultado disso, o diagrama era renovadamente mencionado a cada oportunidade concebível, bem, para explicar a vigilância. Então, deparamos com pan-ópticos eletrônicos e superpan-ópticos, da mesma forma que com suas variações, o sinóptico ou o polióptico. "Chega", adverte Kevin Haggerty, "vamos derrubar as muralhas!"[1] Há limites históricos, assim como lógicos, à utilização das imagens do pan-óptico hoje.

No entanto, Foucault sem dúvida fez algumas observações fascinantes e fundamentais sobre o pan-óptico, mostrando como ele é verdadeiramente um espelho da modernidade em alguns aspectos relevantes. Ele via a disciplina como uma chave: controlar a "alma" para mudar o comportamento e a motivação. Há algo de profundo e de constrangedor em sua afirmação:

> Quem está sujeito a um campo visual, e sabe disso, assume responsabilidade pelas limitações de seu poder; faz com que elas explorem espontaneamente suas fraquezas; inscreve em si mesmo a relação de poder na qual desempenha simultaneamente dois papéis; torna-se o princípio de sua própria sujeição.[2]

É desse modo, diz também Foucault, que a visibilidade se torna uma armadilha, mas uma armadilha que nós mesmos ajudamos a construir. Se alguém aplicasse o diagrama do pan-óptico para pensar sobre a vigilância nos dias atuais, já valeria a pena explorar só esse insight. Como inscrevemos em nós mesmos o poder de vigilância ao entrar no espaço on-line, usar cartão de crédito, mostrar nossos passaportes ou solicitar oficialmente ajuda do governo?

Também é verdade que Foucault nos ajudou a ver como as relações de poder caracterizam todas as formas de situação social, não apenas aquelas em que as tentativas de controlar ou gerenciar uma população – como no caso da polícia ou dos agentes de fronteira – são mais claras e mais óbvias. Assim, não surpreende que, por exemplo, se descreva a vigilância do consumidor pela utilização de bases de dados como "pan-óptica" – como fez Oscar Gandy, à maneira clássica, em seu livro sobre *The Panoptic Sort: A Political Economy of Personal Information*.[3] Aqui, evidentemente, a relação com o princípio pan-óptico original pode tornar-se um tanto exagerada (voltaremos a isso adiante).

Mas a tentativa de usar o pan-óptico hoje também pode produzir resultados aparentemente paradoxais. O estudo de Lorna Rhodes sobre as prisões "supermax" – de segurança máxima –, por exemplo, leva-a a concluir que o pan-óptico pode "diagnosticar a todos nós".[4] Ela mostra como a experiência da supermax induz alguns presidiários a se automutilarem; a "calculada manipulação" pan-óptica do corpo conclama seu oposto. Vivenciando o abandono de seus corpos, esses presidiários usam-nos para se afirmar. Eles reagem à visibilidade negativa destinada a produzir submissão com atos voltados para aumentar a visibilidade.[5]

Por outro lado, na obra de Oscar Gandy, e mais recentemente na de Mark Andrejevic,[6] a triagem pan-óptica é vista num contexto de consumo. Esse é o lado suave do continuum da vigilância. No marketing de banco de dados, a ideia é induzir os alvos potenciais a pensar que eles contam, quando tudo que se quer é contá-los e, claro, atraí-los para novas compras. Aqui, a individuação está claramente comodificada; se há um poder pan-óptico, ele está a serviço dos marqueteiros, desejosos de induzir e seduzir os incautos. Mas as descobertas de Gandy e Andrejevic indicam que essas técnicas funcionam rotineiramente. Elas se ajustam a uma indústria de marketing florescente e lucrativa.

Eis então o paradoxo: a extremidade dura do espectro pan-óptico pode gerar momentos de recusa e resistência que lutam contra a produção dos "corpos dóceis" de Foucault, enquanto a extremidade macia aparentemente seduz os participantes para uma conformidade atordoante, da qual alguns parecem pouco conscientes.[7] Paradoxos como esse realmente suscitam questões vitais sobre o corpo e as tecnologias, sobre poder produtivo e resistência ativa, e sobre a obscuridade ou reciprocidade da visão, para citar apenas três. Mas também geram dúvidas embaraçosas sobre a possível fertilidade da análise pan-óptica em nossos dias.

Este é o motivo pelo qual eu desejo lhe perguntar sobre o pan-óptico, Zygmunt. Afinal, você já escrevia sobre esse tema muito antes de mim, e usou muitas vezes a crítica do pan-óptico como forma de indicar o meio pelo qual as modernidades contemporâneas ultrapassaram algumas de suas características anteriores. Na verdade, você usa o pan-óptico como parte da história do "antes", da qual o "depois" é agora a modernidade líquida. O mundo da fixidez dissolveu-se em fluxos, a dispersão das disciplinas diluiu-se em novos espaços, novas situações.

Vou começar com uma pergunta direta e geral, antes de chegar a algumas particularidades: o advento da vigilância líquida significaria esquecer o pan-óptico?

ZYGMUNT BAUMAN: Eu não compartilho as preocupações de Kevin Haggerty... Já há algumas décadas fui vacinado contra este e outros alarmes semelhantes, tendo sido prevenido pelo grande psicólogo Gordon Allport de que nós, das ciências humanas, jamais resolvemos questão alguma – só nos aborrecemos com elas. E os apelos ao esquecimento se transformaram desde então nos mais comuns (e também os mais traiçoeiros) cantos da sereia que emanam dos alto-falantes ou fones de ouvido da era líquida moderna.

Tal como eu vejo, o pan-óptico está vivo e bem de saúde, na verdade, armado de músculos (eletronicamente reforçados, "ciborguizados") tão poderosos que Bentham, ou mesmo Foucault, não conseguiria nem tentaria imaginá-lo; mas ele claramente deixou de ser o padrão ou a estratégia universal de dominação na qual esses dois autores acreditavam em suas respectivas épocas; nem continua a ser o padrão ou a estratégia mais comumente praticados. O pan-óptico foi tirado de seu lugar e confinado às partes "não administráveis" da sociedade, como prisões, campos de confinamento, clínicas psiquiátricas e outras "instituições totais", no sentido criado por Goffman. O modo como elas funcionam hoje foi soberbamente registrado e, em minha opinião, definitivamente descrito por Loïc Wacquant. Em outras palavras, as práticas de tipo pan-óptico estão limitadas a locais destinados a seres humanos categorizados na coluna dos débitos, declarados inúteis, plena e totalmente "excluídos" – e onde a incapacitação dos corpos, mais que seu aproveitamento para o trabalho útil, é o único propósito por trás da lógica do assentamento.

Em vista disso, as descobertas de Lorna Rhodes não parecem, afinal, tão "paradoxais". A cooperação dos dominados sempre foi bem-recebida pelos dominadores e constitui parte integrante de seus cálculos. A autoimolação e os danos infligidos aos próprios corpos, até o ponto da autodestruição, é o objetivo implícito ou explícito das técnicas pan-ópticas quando aplicadas aos elementos inúteis e totalmente inaproveitáveis. Com toda certeza essa cooperação de parte das vítimas não seria seriamente vista com censura, depreciada e lamentada, não importa o barulho que se pudesse fazer contra ela! O gênio da dominação deseja que os dominados façam o trabalho dos dominadores – e os presidiários das supermax se apressam em obedecer. A "totalidade" desse tipo de instituição total manifesta-se precisamente no fato de que a única forma de "autoafirmação" possível para os dominados é fazer com as próprias mãos aquilo que os dominadores tanto desejam realizar. Os precedentes, se é que você precisa de algum, eram os prisioneiros que se atiravam no arame farpado de alta voltagem em Auschwitz. Embora ninguém tenha sugerido, naquela época ou depois, que, desse modo, a "manipulação calculada" resultasse em seu oposto!

Não sei se Étienne de la Boétie realmente existiu ou se foi inventado por Michel de Montaigne para evitar a ameaça de ser punido por escrever um texto altamente perigoso, irônico e rebelde (nesse caso, o júri ainda está decidindo). Porém, independentemente de quem seja o autor, o *Discurso da servidão voluntária* ainda merece ser relido, em particular por aqueles que se maravilham com novidades e deixam de perceber a continuidade por trás das descontinuidades.

Quem quer que tenha sido o autor, ele ou ela previu o estratagema desenvolvido quase à perfeição, vários séculos depois, na moderna sociedade líquida dos consumidores. Tudo – padrões de dominação, filosofia e preceitos pragmáticos de gerenciamento, veículos de controle social, o próprio conceito de poder (ou seja, o modo de manipular probabilidades para aumentar a possibilidade de uma conduta desejável e reduzir a um mínimo as chances do oposto) – parece caminhar na mesma direção. Tudo se move, da imposição à tentação e à sedução, da regulação normativa às relações públicas, do policiamento à incitação do desejo; e tudo assume, a seu turno, o papel principal no que se refere a atingir os resultados desejados e bem-vindos, dos chefes aos subordinados, dos supervisores aos supervisionados, dos pesquisadores aos pesquisados, em suma, dos gerentes aos gerenciados.

E há outra tendência, estritamente relacionada à primeira, e que às vezes se resume ao dilema injustificadamente empobrecedor da punição e recompensa. Mas ela se manifesta em muitas e diversas mudanças seminais; acima de tudo, no deslocamento da aposta em toda e qualquer luta pelo sucesso a partir de disciplina, obediência, conformidade, respeito à ordem, rotina, uniformidade e de uma redução de opções; de maneira geral, da predeterminação das escolhas dos subordinados mediante mecanismos endereçados à sua faculdade racional de buscar recompensas e evitar punições – às faculdades essencialmente "irracionais" de iniciativa, audácia, experimentação, autoafirmação, emotividade, prazer e busca de diversão.

Bentham via uma chave para o sucesso gerencial na redução das escolhas dos prisioneiros do pan-óptico às esquálidas alternativas de um emprego maçante ou um tédio ainda mais mortal, uma dose diária de castigos ou os tormentos da fome; os gerentes contemporâneos dignos desse nome veriam no regime recomendado uma perda tão abominável quanto indesculpável dos recursos essenciais ocultos nas idiossincrasias pessoais, e que crescem juntamente com sua variedade e diversidade. Agora é apenas a confiança na racionalidade humana (e a supressão de emoções caprichosas) que os gerentes de ponta, afinados como são com o espírito de sua época, rejeitariam por indesculpavelmente irracional.

Tendo visto a burocracia como a mais plena encarnação da racionalidade moderna, Max Weber enumerou as características que qualquer arranjo intencional das atividades humanas precisa adquirir e se esforçar por aperfeiçoar, além das hierarquias estritas de comando e informação, a fim de se aproximar do tipo ideal de burocracia, e assim atingir o máximo da racionalidade. No topo da lista, Weber situou a exclusão de qualquer lealdade pessoal, compromisso, crença e preferência que não aqueles declarados relevantes para atender aos propósitos da organização; tudo que fosse "pessoal", ou seja, não determinado pelos regulamentos da empresa, deveria ser deixado na chapelaria, na entrada do prédio, e recolhido após o fim do "horário de trabalho".

Hoje, quando o centro de gravidade, sob o ônus da prova e da responsabilidade pelo resultado, foi transmitido pelos gerentes (como líderes de equipe e comandantes de unidade) para os ombros de executantes individuais, "terceirizados" ou "transferidos" lateralmente e avaliados de acordo com um padrão vendedor-comprador, e não de uma relação chefe-subordinado, o propósito é aproveitar o total da personalidade subalterna e todo seu tempo de vigília para as finalidades da empresa. Trata-se de um expediente considerado, e não sem motivo, infinitamente mais conveniente e lucrativo que as medidas pan-ópticas, sabidamente caras, incontroláveis, restritivas e trabalhosas. A servidão, com a vigilância do desempenho 24 horas por dia, sete dias por semana, está se tornando plena e verdadeiramente, para os subordinados, uma tarefa do tipo "faça você mesmo". A construção, administração e manutenção de pan-ópticos foi transformada de passivo em ativo para os chefes, prevista nas letras miúdas de todo contrato de emprego.

Em suma, tal como os caramujos transportam suas casas, os empregados do admirável novo mundo líquido moderno precisam crescer e transportar sobre os próprios corpos seus panópticos pessoais. Aos empregados e a todas as outras variedades de subordinados foi atribuída a responsabilidade plena e incondicional de mantê-los em bom estado e garantir seu funcionamento ininterrupto (deixar seu celular ou iPhone em casa para dar um passeio, suspendendo a condição de permanentemente à disposição de um superior, é um caso de falha grave). Tentados pelo encanto dos mercados de consumo e assustados com a possibilidade de que a nova liberdade em relação aos chefes se desvaneça, juntamente com as ofertas de emprego, os subordinados estão tão preparados para o papel de autovigilantes que se tornam redundantes em relação às torres de vigilância do esquema de Bentham e Foucault.

DL: Ouço você dizer, Zygmunt, que o pan-óptico clássico é coisa do passado para a ampla maioria dos habitantes do norte global, exceto porque essa maioria deve carregar consigo seus "pan-ópticos pessoais". De fato, o pan-óptico clássico só pode ser visto às margens, em especial nas áreas urbanas para onde os pobres, como diz Wacquant, são "desterrados". E concordo sinceramente com você quando diz que formas agudas de algo suspeitamente parecido com o pan-óptico ainda estão à espreita nesses lugares. O "pan-opticismo social" de Wacquant é encontrado sob o disfarce de projetos voltados para a promoção do bem-estar de famílias despossuídas, submetendo-as a "uma forma cada vez mais precisa e intensa de vigilância punitiva".[8]

Esse tipo de motivo também é muito visível no livro de John Gilliom intitulado *Overseers of the Poor*, em que ele examina o modo como as mulheres dependentes da previdência social são submetidas ao uso de uma forma de assistência social altamente invasiva e computadorizada (mas que, de modo intrigante, embora não surpreendente, encontram maneiras de subverter o sistema em favor de seus filhos).[9]

Portanto, vamos seguir essa linha um pouco mais, antes de eu lhe pedir para pensar sobre uma ou duas das outras variações contemporâneas de análise pan-óptica que nos incitam a abrir espaço para uma análise mais ampla. Você insinua que o pan-óptico ainda pode ser encontrado nas margens, em instituições totais e coisas desse tipo. O trabalho de Wacquant concentra-se num pan-opticismo social em áreas degradadas e destituídas das cidades, tanto no sul quanto no norte globais. Mas você acha que o mesmo tipo de análise poderia ser aplicado a grupos marginais em si, imigrantes potenciais, suspeitos de "terrorismo" e outras pessoas submetidas a regimes de "segurança" mais recentes? A variação de Didier Bigo sobre o tema do pan-óptico fala de um "ban-óptico" e se aplica exatamente a esses marginais do globo.

Em termos simples, Bigo propõe o "ban-óptico" para indicar de que modo tecnologias de elaboração de perfis são usadas para determinar quem será colocado sob vigilância específica. Mas ele emerge de uma análise teórica completa a respeito de como surge uma nova "insegurança global" a partir das atividades crescentemente combinadas dos "gerentes da inquietação" internacionais, como policiais, agentes de fronteira e companhias aéreas. Burocracias transnacionais de vigilância e controle, tanto empresariais quanto políticas, agora trabalham a distância para monitorar e controlar, pela vigilância, os movimentos da população. Tomados em conjunto, esses discursos, essas práticas, regras e arquiteturas físicas formam um aparato completo, conectado, o que Foucault chamou de *dispositif*. O resultado não é um pan-óptico global, mas um "ban-óptico" – combinando a ideia de Jean-Luc Nancy de "ban", tal como desenvolvida por Giorgio Agamben, com o "óptico" de Foucault. Seu *dispositif* mostra quem é bem-vindo ou não, criando categorias de pessoas excluídas não apenas de determinado Estado-nação, mas de um conjunto bastante amorfo e não unificado de potências globais. E ele opera virtualmente, usando bases de dados em rede para canalizar fluxos de dados, especialmente sobre o que ainda está por acontecer, como no filme e no livro *Minority Report*.

Tal como você, Bigo insiste em que não há hoje em dia uma manifestação centralizada do pan-óptico, e diz que, se o *dispositif* existe, é algo fragmentado e heterogêneo. Opera por meio do Estado e das grandes corporações, que, juntamente com outras agências, "convergem em relação ao fortalecimento da informática e da biometria como modos de vigilância que se concentram nos movimentos de indivíduos pelas fronteiras".[10] Segundo Bigo, essa é uma forma de insegurança no plano transnacional (e não, de modo algum, um pan-óptico).

Bigo então analisa discursos (níveis de risco e ameaça, inimigos internos, e assim por diante), instituições, estruturas arquitetônicas (de centros de detenção a terminais de passageiros em aeroportos), leis e medidas administrativas – cada uma das quais seleciona certos grupos para tratamento especial. A função estratégica do diagrama ban-óptico é traçar o perfil de minorias "indesejadas". Suas três características são o poder excepcional em sociedades liberais (estados de emergência que se tornam rotineiros), traçar perfis (excluir certos grupos, categorias de pessoas excluídas de forma proativa em função de seu potencial comportamento futuro) e normalizar grupos não excluídos (segundo a crença no livre movimento de bens, capital, informações e pessoas). O ban-óptico opera em espaços globalizados para além do Estado-nação, de modo que os efeitos do poder e da resistência não são mais sentidos somente entre Estado e sociedade.

Bigo percebe que, nesse ponto – a divisão entre os que você chama de "globais e locais" –, o trabalho dele e o seu convergem. Ele também indaga se você não está subestimando as maneiras pelas quais os "globais" são normalizados no "imperativo da mobilidade", por meio de algumas das estratégias mutuamente dependentes do mesmo *dispositif*. Os discursos sobre livre movimentação normalizam a maioria. Não é ainda um pan-óptico plenamente desenvolvido, nem mesmo um pan-óptico-sombra, claro, mas ajuda a explicar por que os seus "globais" praticam seus estilos de vida peripatéticos do modo como o fazem e (acrescentaria eu) por que eles acreditam que o ban-óptico é necessário para os outros. (Talvez sejam esses os "pan-ópticos pessoais" que, segundo você, a maioria transporta como se fossem caramujos com suas conchas?) Bigo fala de tudo isso focalizando as atividades daqueles que chama de "gerentes da inquietação" – profissionais de segurança e outros –, que estão mais próximos do *dispositif* que controla e vigia certos grupos diferentes da maioria.

Minha pergunta, portanto, é esta: até que ponto você acha que esses tipos de variação sobre o tema do pan-óptico, que ainda reconhecem a importância do *dispositif* de Foucault, mas vão além dele para abordar economias políticas e tecnologias atuais em contextos globalizantes, nos ajudam a entender o que está acontecendo nestes tempos líquidos modernos? Nesse caso, a análise parece próxima daquilo que você está procurando (e que discutiu, por exemplo, em *Globalização*), ou não?

ZB: Bigo concentra-se nos imigrantes indesejados, mas a tecnologia de vigilância instalada nos postos de fronteira do Estado é apenas um caso de "ban-óptico" (por sinal, acho "ban-óptico" um termo feliz, ainda que rescenda mais a trocadilho que a lógica semântica). Quer dizer, é apenas o exemplo de um fenômeno mais geral da filosofia e do equipamento de vigilância envolvidos na tarefa de "manter a distância", em vez de "manter dentro", como fazia o pan-óptico; e que extrai seus sumos vitais e energia para seu desenvolvimento da ascensão, atualmente irreprimível, das preocupações com *segurança* e não do impulso *disciplinador*, como no caso do pan-óptico.

Eu sugiro que as câmeras de TV que cercam as comunidades fechadas, que se espalham pelos shopping centers e pelos pátios dos supermercados são os espécimes principais – os mais comuns e os responsáveis pelo estabelecimento de padrões – de dispositivos ban-ópticos. O ban-óptico guarnece as entradas daquelas partes do mundo dentro das quais a vigilância do tipo "faça você mesmo" é suficiente para manter e reproduzir a "ordem"; basicamente, ele barra a entrada a todos os que não possuem nenhuma das ferramentas adequadas para isso (como cartão de crédito ou Blackberry); e que, portanto, não podem ser considerados confiáveis no que se refere à prática dessa vigilância por conta própria. Esses indivíduos (mais precisamente, essas *categorias* de indivíduos) devem ter "ajuda mecânica", por assim dizer, para se alinhar aos padrões comportamentais dos "espaços defensáveis". Outra tarefa dos dispositivos ban-ópticos, e de não menor gravidade, é identificar prontamente indivíduos que deem sinais de não estar dispostos a se manter na linha ou que planejem quebrar esses padrões obrigatórios.

Em outras palavras, a tecnologia de vigilância hoje se desenvolve em duas frentes que servem a dois objetivos estratégicos opostos: numa das frentes, o confinamento (ou "cercar do lado de dentro"), na outra, a exclusão (ou "cercar do lado de fora"). A explosão da massa global de exilados, refugiados, pessoas em busca de asilo – ou em busca de pão e água potável – pode realmente fortalecer *ambos* os tipos de tecnologia de vigilância (suponho que Bigo concordaria com isso).

Em seu último livro, Michel Agier resume seus dez anos de estudos nos campos de refugiados que se espalham pela África e pela América do Sul, assim como pelos "centros de detenção" europeus destinados a imigrantes definidos como "ilegais" ou suspensos, na condição de "sem leis, sem direitos" reservada às "pessoas em busca de asilo".[11] Ele conclui que, setenta anos depois, a "má sorte" de Walter Benjamin (como Hannah Arendt classificou a parada na fronteira franco-espanhola que o levou ao suicídio) praticamente perdeu sua condição de "extraordinária", para não mencionar sua aparente singularidade.

Já em 1950, as estatísticas oficiais globais registravam a existência de 1 milhão de refugiados (principalmente pessoas "deslocadas" pela guerra). Hoje, a estimativa conservadora do número de "pessoas em transição" é de 12 milhões – mas a previsão para 2050 é de 1 *bilhão* de refugiados transformados em exilados e abrigados na terra de ninguém dos campos estabelecidos com essa finalidade.

"Estar em transição" é, evidentemente, uma expressão irônica quando aplicada à sorte de Walter Benjamin e à rápida expansão do volume de suas réplicas mimeografadas. Por definição, a ideia de "transição" significa um processo finito, um período de tempo com linhas de partida e chegada claramente demarcadas – a *passagem* de um "aqui" para um "lá" espaciais, temporais, ou espaciais *e* temporais; mas esses são precisamente os atributos negados à condição de "ser um refugiado", definida e isolada das "normas", e a elas oposta, por sua ausência. Um "campo" não é uma estação intermediária, uma hospedaria de beira de estrada ou um motel numa viagem do aqui para o lá. É a estação terminal onde acabam todas as estradas mapeadas e se interrompem todos os movimentos – com poucas expectativas de se obter condicional ou de se cumprir a sentença. Um número de pessoas cada vez maior nasce nesses campos e neles morre, sem visitar nenhum outro país durante suas vidas. Os campos transpiram finalidade; não a finalidade da destinação, contudo, mas do estado de transição petrificado em estado de permanência.

A expressão "campo de transição", comumente escolhida pelos detentores do poder para designar os lugares em que os refugiados são obrigados a permanecer, é um paradoxo. "Transição" é exatamente a qualidade cuja negação e ausência definem a condição de refugiado. O único significado definido de ser enviado a um lugar chamado "campo de refugiados" é que todos os outros lugares concebíveis são classificados como fora dos limites. O único significado para alguém dentro de um campo de refugiados é ser um forasteiro, um estrangeiro, um corpo estranho, um intruso no resto do mundo – desafiando-o a se cercar de dispositivos ban-ópticos; em suma, tornar-se habitante de um campo de refugiados representa ser excluído do mundo compartilhado pelo resto da humanidade. "Ter sido excluído", ser vinculado à condição de *exilado*, é tudo que consta e precisa constar na identidade do refugiado. E, como Agier repetidamente assinala, a questão não é *de onde* se veio para o acampamento, mas a ausência de um *para onde* – a proibição declarada ou a impossibilidade prática de chegar a qualquer outro lugar – que separa um exilado do restante da humanidade. Ser separado é o que conta.

Exilados não precisam cruzar fronteiras, chegar de um outro país. Podem ser, e frequentemente são, nascidos e criados no país em que agora vivem no exílio. Podem até não ter se movido um centímetro em relação ao lugar em que nasceram. Agier tem todo o direito de fundir campos de refugiados, acampamentos de sem-teto e guetos urbanos na mesma categoria, a de "corredores do exílio". Os habitantes desses lugares, sejam eles legais ou ilegais, compartilham uma característica decisiva: são todos redundantes. Dejetos ou refugos da sociedade. Em suma, lixo. "Lixo" é, por definição, o antônimo de "coisa útil", denota objetos sem utilidade possível. Com efeito, a única habilidade do lixo é sujar e atravancar um espaço que, de outro modo, poderia ser proveitosamente empregado. O principal propósito do ban-óptico é garantir que o lixo seja separado do produto decente e identificado a fim de ser transferido para um depósito adequado. Uma vez lá, o pan-óptico garante que o lixo ali permaneça – de preferência, até que a biodegradação complete seu curso.

DL: Obrigado, Zygmunt. É ao mesmo tempo instrutivo e estimulante ver como nosso trabalho sobre vigilância coincide com o seu – e às vezes diverge dele. Mas, antes de o abandonarmos, poderíamos conversar um pouco mais sobre o tema do pan-óptico? Nós concordamos, penso eu, em que o ban-óptico é onde o impulso pan-óptico pode agora ser visto de modo mais evidente, e que esse tipo de análise se refere a algumas experiências desanimadoras muito comuns num mundo em processo de globalização. Mas os estudiosos da vigilância também têm se confrontado com essas ideias em pelo menos dois contextos que se referem a populações majoritárias, e não ao "lixo" minoritário.

Lembro, por um lado, os interessantes estudos sobre vigilância do consumidor realizados por Oscar Gandy, originalmente sob o título *The Panoptic Sort*. Já me referi a ele, mas agora gostaria que desenredássemos um pouco mais esse fio. O argumento de Gandy nesse livro inicial é de que uma máquina de classificação geral é evidente no mundo do marketing de base de dados e da chamada geodemografia. As pessoas se agrupam em segmentos populacionais incipientes, de modo que os marqueteiros possam tratá-las de forma diferente, dependendo de seu comportamento de consumo. Embora alguns estudiosos de Foucault possam discordar disso, o uso que Gandy faz do pan-óptico consiste tanto em examinar como ele "funciona" hoje em ambientes de consumo quanto, fundamentalmente, em mostrar de que modo a lógica do pan-óptico afeta os que se encontram ao alcance de sua visão.

Em minha opinião, Gandy combina a análise dos aspectos de ordenamento e classificação do pan-óptico com o processo pelo qual os consumidores são manipulados.[12] Entretanto, embora obtenha de Foucault suas ideias sobre o aspecto classificatório do pan-óptico, ele é mais explícito sobre o fato de essa análise ser também "uma economia política das informações pessoais". Os marqueteiros estão sempre em busca de novas maneiras de racionalizar o mercado, escolhendo como mira de atenção especial consumidores cujos atributos os tornam atraentes "alvos de oportunidade".[13] Outros consumidores potenciais podem obter a permissão de desaparecer de vista, enquanto os verdadeiramente valiosos são selecionados.

O processo de categorização concentra-se aqui naqueles que, longe de ser marginalizados, já se beneficiam do sistema. Essa é a "forma burguesa de mobilidade monitorada", segundo Mark Andrejevic,[14] adaptada ao smartphone, ao SUV e às multidões nos cruzeiros marítimos. Os resíduos de pan-óptico que tenham permanecido aqui – e Andrejevic realmente vê esses alvos como encorajados a se autodisciplinar para se tornar consumidores consistentemente conspícuos – devem fornecer bens e serviços a essa elite, de modo eficiente.

A vigilância líquida como pós-pan-óptico   69

Dito isso, o objetivo do trabalho de Gandy (e também do de Andrejevic, nesse sentido) é indicar que essa é apenas a imagem especular da atividade negativamente discriminatória implícita no "tipo pan-óptico". Na verdade, o trabalho de Gandy, em sua continuidade, dedica menos atenção ao pan-óptico *per se* e se concentra mais nos processos estatísticos e de software dedicados à "discriminação racional".[15] Ele observa que Geoffrey Bowker e Susan Leigh Star, em *Sorting Things Out*,[16] argumentam de maneira convincente que a classificação organizacional de usuários, clientes, pacientes, consumidores, e assim por diante, é uma parte cada vez mais significativa da vida moderna. Contudo, não mostram como tal classificação não apenas descreve, mas *também define as possibilidades de ação* dos grupos afetados. Gandy vai adiante, e insiste que a "discriminação racional" nas economias de informação muitas vezes se baseia em perfis raciais e provoca uma desvantagem cumulativa para aqueles negativamente identificados.

Esse é um exemplo do pan-opticismo teórico em curso. Por outro lado, eu o remeto a um trabalho que você já analisou mais de uma vez, ao "sinóptico", o hábil neologismo de Thomas Mathiesen que contrasta o "poucos vigiando muitos" do pan-óptico à mídia atual, em que, como diz ele, "muitos vigiam poucos".[17] Isso sugere como o pan-óptico pode, de fato, encontrar um aliado nos atuais meios de comunicação de massa. O ponto-chave de Mathiesen é que, quaisquer que sejam os efeitos do pan-óptico ainda hoje presentes nas sociedades, eles não podem ser entendidos separadamente do sinóptico, no mínimo porque ajudam a moldar os efeitos deste. (Isso foi visto nitidamente depois do 11 de Setembro, quando a constante repetição na TV da imagem das Torres Gêmeas em chamas ajudou a transmitir a sensação de estar em curso uma ameaça iminente que, como as autoridades nos informaram *ad nauseam*, poderia ser debelada por novas medidas de segurança e vigilância.)[18]

Ora, você usa Mathiesen em apoio à sua defesa da tese da modernidade líquida, e eu concordo. Compreender o papel dos meios de comunicação de massa é vital para nosso entendimento das atuais condições culturais. Mas será que Mathiesen tentou nos dizer que o pan-óptico funciona *junto com* o sinóptico, e não que este se sobreponha àquele? De modo que, uma vez mais, gostaria que você respondesse à pergunta: será que o pan-óptico realmente se livrou de seu destino fatal ou ainda está vivo e gozando de boa saúde, embora, talvez, em estado senil? E há também uma nota de rodapé a acrescentar. Aaron Doyle assinalou recentemente (e com precisão) que o modelo de "mídia" usado por Mathiesen é um tanto instrumental e hierárquico, e pouco ou nada diz sobre resistência ou as maneiras pelas quais os públicos decodificam as mensagens da mídia.[19] O sinóptico também parece (embora Mathiesen não possa ser totalmente responsabilizado por isso, já que escrevia antes do surgimento da "mídia social") desconhecer a fragmentação das audiências de massa (de TV) ou a ampla influência da mídia digital hoje. Será que os veículos de massa, incluindo a "nova mídia", também constituem espaços para se questionar ou criticar a vigilância?

ZB: O "sinóptico" de Mathiesen, em minha leitura, é uma espécie de "pan-óptico 'faça você mesmo'", que eu já expus brevemente, antes. Um pan-óptico significativamente modificado, a vigilância sem vigilantes. Tal como o vejo, esse neologismo foi cunhado por Mathiesen com a intenção de captar o impacto exercido sobre a vigilância pela transformação muito mais geral que está ocorrendo na filosofia gerencial (eu mesmo chamei essa transformação, em meu recente livro sobre os danos colaterais da desigualdade, de "Revolução Gerencial Parte 2"). O que antes era visto como dever dos gerentes, a ser realizado à custa deles e por seu esforço, foi transferido para os *objetos* do gerenciamento. (Ou lhes foi "terceirizado", na insinuação de outro neologismo, agora comumente usado para disfarçar ou camuflar o zelo dos gerentes em se livrar das tarefas de controle que consideram enfadonhas, inconvenientes, difíceis e irritantemente constrangedoras, passando-as para os ombros dos controlados; e, portanto, em representar a passagem do fardo como um dote, um ato de garantia de direitos de autonomia e autoafirmação, ou mesmo como a "habilitação" ou "ressubjetivação" de objetos da ação gerencial antes passivos.) Permita-me reafirmar aqui, em linhas gerais, a que se refere, em minha visão, a "Revolução Gerencial Parte 2".[20]

Em seu sentido original, legado pela época em que o ideal do processo industrial era concebido segundo o padrão de uma máquina homeostática que realiza movimentos pré-planejados e estritamente repetitivos e é mantida num curso estável, imutável, gerenciar pessoas era mesmo uma tarefa difícil. Exigia uma organização meticulosa e uma vigilância contínua no estilo panóptico. Precisava da imposição de uma rotina monótona, tendente a ridicularizar os impulsos criativos *tanto* dos gerenciados *quanto* de seus gerentes. Produzia enfado e um ressentimento em constante ebulição que, por combustão espontânea, ameaçava transformar-se em conflito aberto. Também era uma forma custosa de "fazer com que as coisas fossem feitas": em vez de alistar os potenciais não arregimentados da mão de obra contratada a serviço do trabalho, ela usava recursos preciosos para reprimi-los, restringi-los e mantê-los fora de encrencas.

No final, o gerenciamento cotidiano não era o tipo de tarefa que pessoas desembaraçadas, pessoas com poder, tendessem a apreciar e valorizar: elas não iriam desempenhá-la nem um minuto além do que fosse imposto e, dados os recursos de poder à sua disposição, não seria de esperar que adiassem muito esse momento. E não adiaram.

A atual "Grande Transformação Parte 2" (tomando de empréstimo a memorável expressão de Karl Polanyi), a emergência da louvada e bem-vinda "economia da experiência", baseada na totalidade dos recursos da personalidade dos indivíduos, com todas as suas idiossincrasias, assinala que chegou esse momento de "emancipação dos gerentes em relação ao fardo do gerenciamento". Usando termos de James Burnham, seria possível descrevê-la como "Revolução Gerencial Parte 2", embora, como ocorre nas revoluções, não houvesse grandes mudanças no que se refere aos detentores das posições de poder.

O que ocorreu – o que está ocorrendo – é mais um golpe de Estado que uma revolução: uma proclamação a partir do topo, dizendo que o velho jogo foi abandonado e novas regras estão em vigência. Pessoas que começaram a revolução e ficaram com ela até o triunfo permaneceram na direção – e se estabeleceram em seus cargos de modo ainda mais seguro que antes. A revolução foi deflagrada e conduzida para aumentar seu poder, ampliar ainda mais seu controle e imunizar sua dominação contra o ressentimento e a rebelião que a forma por eles assumida provocava no passado, antes da revolução. Desde a segunda revolução gerencial, o poder dos gerentes tem sido reforçado e quase se tornou invulnerável, o que se obteve eliminando-se a maioria das condições restritivas e inconvenientes.

Durante essa segunda revolução, os gerentes baniram a busca da rotina e convidaram as forças da espontaneidade a ocupar as agora vazias salas dos supervisores. Estas se recusaram a exercer a gerência, e, em vez disso, exigiram dos residentes, sob ameaça de despejo, o direito de autogerenciamento. O direito de ampliar seu contrato de arrendamento residencial foi submetido a uma competição recorrente; após cada round, o mais espirituoso e aquele com melhor desempenho ganhariam o próximo termo de arrendamento, embora isso não fosse garantia (nem mesmo aumentasse a probabilidade) de que emergissem ilesos do próximo teste. Nas paredes da sala de banquetes da "economia da experiência", a lembrança de que "você é tão bom quanto seu último sucesso" (mas não quanto ao penúltimo) substituiu a inscrição "Mene, Tekel, Uprasin" ("Contado, pesado, alocado"). Favorecendo a subjetividade, a jocosidade e a performance, as organizações da era da "economia da experiência" precisavam e desejavam proibir (e de fato proibiram) o planejamento de longo prazo e a acumulação de méritos. Isso pode manter os residentes sempre ocupados e em movimento – na busca frenética de novas evidências de que continuam bem-vindos.

O "sinóptico" atende muito bem, obrigado, a essa nova demanda. Se o sinóptico substitui o pan-óptico, não há necessidade de construir grandes muralhas e erigir torres de vigilância para manter os internos do lado de dentro, ao mesmo tempo contratando um número incalculável de supervisores para garantir que eles sigam a rotina prescrita; com o custo adicional de aplacar o ódio latente e a falta de disposição para cooperar que a rotina monótona em geral alimenta; assim como de precisar fazer um esforço contínuo para matar no nascedouro a ameaça de uma rebelião contra a indignidade da servidão.

Agora, espera-se que os objetos de preocupação disciplinares dos gerentes se autodisciplinem e arquem com os custos materiais e psíquicos da produção da disciplina. Espera-se que eles mesmos ergam as muralhas e permaneçam lá dentro por vontade própria. A recompensa (ou sua promessa) substitui a punição, e tentação e sedução assumindo as funções antes desempenhadas pela regulação normativa; o sustento e o aguçamento dos desejos tomam o lugar do policiamento, caro e gerador de discórdias; portanto, as torres de vigilância (tal como toda a estratégia destinada a estimular a conduta desejável e eliminar a indesejável) foram privatizadas, enquanto o procedimento de emitir permissões para a construção de muralhas foi desregulamentado. Em vez de a necessidade caçar suas vítimas, agora é tarefa dos voluntários caçar as oportunidades de servidão (o conceito de "servidão voluntária" cunhado por Étienne de la Boétie teve de esperar quatro séculos até se transformar no objetivo comum da prática gerencial). A propósito, será que você notou que, a cada rodada de "corte de gastos" das grandes empresas, a "gerência intermediária" (ou seja, os antigos supervisores dos funcionários do escalão mais baixo) é a primeira a sofrer cortes?

Evidentemente, o mecanismo para a montagem de minipanópticos do tipo "faça você mesmo", móveis portáteis e pessoais, é fornecido comercialmente. Os potenciais internos é que têm a responsabilidade de escolher e adquirir o mecanismo, montá-lo e colocá-lo para funcionar. Embora o monitoramento, a verificação e o processamento da volátil distribuição de iniciativas sinópticas individuais mais uma vez exijam profissionais, são os "usuários" dos serviços do Google ou do Facebook que produzem a "base de dados" – a matéria-prima que os profissionais transformam nas "categorias-alvo" de compradores potenciais, na terminologia de Gandy – mediante suas ações difusas, em aparência autônomas, embora sinopticamente pré-coordenadas.

Para evitar confusão, portanto, prefiro abster-me de usar o termo "pan-óptico" nesse contexto. Os profissionais em questão podem ser tudo menos os vigilantes de estilo antigo, zelando pela monotonia da rotina obrigatória; são antes rastreadores ou perseguidores obsessivos dos padrões intensamente mutáveis dos desejos e da conduta inspirada por esses desejos voláteis. São, por assim dizer, o "ramo final" do sinóptico já em operação, não planejado nem construído por eles. Ou talvez esses engenheiros empregados no "processamento de bases de dados" se situem em algum lugar entre o sinóptico e o ban-óptico, à medida que os produtos de seu trabalho constituem a condição necessária para o emprego proveitoso das técnicas ban-ópticas em marketing.

Assim é e deve ser, considerando-se que um marketing eficaz exige o conhecimento das clientelas inadequadas para funcionar como alvo, da mesma forma que precisa identificar os "alvos" mais promissores de seus esforços comerciais. Um marketing eficaz precisa *tanto* do sinóptico *quanto* do ban-óptico. Os "engenheiros de processamento de dados" fornecem o canal de comunicação que liga um ao outro.

Um bom exemplo, na verdade um exemplo arquetípico da interface entre esses dois tipos de técnica de vigilância institucionalizada é o software desenvolvido para uso em corporações que precisam processar as chamadas recebidas. Esse software permite que aqueles que fazem as chamadas sejam classificados e separados para tratamento diferenciado – de acordo com a promessa que representam (ou não) de aumentar os lucros da empresa. Os promissores não são obrigados a aguardar na linha, mas são imediatamente encaminhados a operadores seniores capacitados para tomar decisões na hora. Já os outros, os sem futuro, são submetidos a uma espera interminável, alimentados com mensagens tediosamente repetitivas, intercaladas por músicas reproduzidas *ad nauseam*, juntamente com a promessa gravada de serem encaminhados ao primeiro operador disponível. Se o intruso sobreviver ao tratamento e ao escárnio nele implícito, por fim entrará em contato com um operador de nível mais baixo, sem poder para resolver o problema (normalmente uma queixa) que deu origem à chamada.

· 3 ·

Ausência, distanciamento e automação

David Lyon: Uma das coisas mais surpreendentes propiciadas pelo assombroso desenvolvimento tecnológico do século XX é a capacidade superampliada de agir a distância. Até nossa conversa é possibilitada por meios eletrônicos. Não temos de esperar pela oportunidade de uma viagem intercontinental, ou mesmo pelos dez dias que uma carta levaria para atravessar o Atlântico, a fim de empreendermos um debate como este. Simplesmente escrevemos nossas mensagens e as lançamos sem esforço no espaço, esperamos algumas horas ou dias, e a resposta de repente aparece na caixa de entrada. Claro, como o conheço, posso ouvir sua voz em minha cabeça enquanto leio o próximo parágrafo, e como conheço a sala em que está escrevendo, e estou ciente das outras responsabilidades que o assomam nesse momento, posso imaginá-lo trabalhando ao voltar para o espaço de nosso diálogo. Mas que significa esse fazer coisas a distância no contexto da vigilância líquida?

Antes falamos sobre os *drones*, essas libélulas mecânicas que observam e espreitam o que outros olhos não conseguem ver (sem esquecer seus primos maiores e mais mortais, cuja tarefa é matar, de maneira limpa, em lugares onde as Forças Armadas não podem ir, ou melhor, preferem não ir). Você falou da "confortável invisibilidade" desses olhos nos céus e da isenção de responsabilidade de seus senhores, que os programam para voar segundo seus próprios itinerários e para determinar a duração de seus registros de imagem. E você nos lembrou do efeito indireto do fato de esses países e Estados usuários de tal tipo de tecnologia a distância também se afastarem, portanto, de conflitos, crimes ou crises que supostamente deveriam detectar ou impedir.

Nos anos em que você se estabeleceu em Leeds, eu era um aluno de pós-graduação enfrentando as terríveis questões surgidas pelo meu mergulho, durante meu bacharelado, nos mundos da história, das ideias e da literatura modernas na Europa. Acho que a minha maior perplexidade dizia respeito ao Holocausto, e chegamos a visitar uma série de locais – Dachau, Ravensbruck, Mauthausen, Auschwitz – para ver os trilhos daquela ferrovia fatídica e os prédios bem-ordenados, cujo propósito calculado era a exploração do trabalho forçado, a experimentação com seres humanos e o extermínio. Embora eu fosse um ávido leitor de sua obra desde o fim da década de 1970, devo dizer que, quando foi lançado, em 1989, achei *Modernidade e Holocausto* peculiarmente profundo e comovente. Foi um divisor de águas.

Comecei a suspeitar de que esses temas assustadores não falavam apenas à burocracia moderna, mas também à *la technique*, no sentido que Jacques Ellul atribui a esse termo, e a várias tecnologias e sistemas tecnológicos específicos que eram aspectos desafiadores da então recente "revolução da informação". Pude discernir, do que você disse, algumas consequências para as novas práticas organizacionais tecnologicamente reforçadas e, afinal, para uma vigilância mais ubíqua. A organização meticulosa, a cuidadosa separação entre o oficial e a "vítima" e a eficiência mecânica da operação – destacada no "Prefácio" do livro – agora se devotam, na verdade, não à violência física, mas à classificação das populações em categorias para tratamento diferenciado. O padrão é semelhante, ainda que os efeitos – ser escolhido para certo tipo de morte ou para portar certa desvantagem social – estejam longe de ser comparáveis. Num contexto adiaforizado, contudo, o padrão ou processo, valorizado por sua eficiência, pode ter feitos que incluem desde ser relegado economicamente à periferia até a rendição extraordinária a um poder nocivo.

De modo que começo esta parte de nossa conversa com uma pergunta mais geral a respeito da elaboração e do aperfeiçoamento dos tipos de racionalidade burocrática visíveis naquelas fábricas da morte e naqueles campos de trabalhos forçados da década de 1930 nos padrões organizacionais e nas práticas de vigilância atuais. Isso não significa, absolutamente, formas macabras, alarmistas ou anacrônicas. E, como sempre, relatos detalhados, e não apenas afirmações abstratas, são vitais para uma análise completa. Quero chegar aos motivos subjacentes, às configurações permanentes da imaginação e da realização, vistas em especial nos conceitos – ou melhor, nas práticas – de distanciamento, ausência, automação. A seu ver, até que ponto essas conexões são construtivas e esclarecedoras?

ZYGMUNT BAUMAN: Presumo, embora não possa provar (tal como, creio eu, ninguém pode), que, no curso dos milênios transcorridos desde que Eva conseguiu seduzir Adão a provar do fruto da árvore da ciência do bem e do mal, as capacidades e propensões do ser humano a fazer o bem, assim como suas inclinações e habilidades para fazer o mal, permaneceram basicamente inalteradas; o que variou foram as oportunidades e/ou pressões para fazer o bem ou o mal – em paralelo com os ambientes de convivência e os padrões de interação humanos. O que parece e tende a ser descrito como exemplos de descarga e liberação dos instintos humanos maléficos, ou, ao contrário, sua supressão, asfixia e seu silenciamento, é agora mais bem compreendido como produto de uma "manipulação de probabilidades" social – e, como regra, com ajuda mecânica (aumentando a probabilidade de certos tipos de conduta e ao mesmo tempo reduzindo a de outras).

A manipulação (rearranjo, redistribuição) de probabilidades é o significado último de toda "construção da ordem" e, de modo mais geral, de toda "estruturação" de um campo amorfo de ocorrências aleatórias ("caóticas"); e os modelos de "ordem" predominantes, assim como os padrões preferidos de "estrutura", mudam com a história – embora, contrariamente ao que implica a visão comum de "progresso", de forma pendular, jamais uniforme e coordenada.

Os demônios que assombraram e atormentaram o século XX foram gestados no curso dos esforços resolutos de concluir a tarefa pretendida pela era moderna, desde seus primórdios (a tarefa cuja assunção definiu esses primórdios, desencadeando o modo de vida "moderno", o que, em suma, significa um estado de "modernização" compulsiva, obsessiva e viciante). A tarefa estabelecida para cada área ou fase sucessiva da modernização, ainda que dificilmente concluída no seu todo (se é que essa conclusão alguma vez foi possível), era impor um planejamento transparente e administrável sobre um caos turbulento e incontrolável: trazer a ordem ao mundo dos seres humanos, até então irritantemente opaco, imprevisível a ponto de desconcertar, desobediente e cego aos desejos e objetivos humanos – uma ordem *total*, *incontestável* e *inquestionável*. Uma ordem submetida à regra invencível da Razão.

Essa Razão, que teve seu berço na "Casa de Salomão", da Nova Atlântida de Francis Bacon, passou seus anos de aprendizado no pan-óptico de Jeremy Bentham; e, no limiar de nossa existência, se estabeleceu em inúmeros prédios de fábricas assombrados pelos fantasmas das "medições de tempo e movimento" de Frederick Winslow Taylor, pelo espectro da "correia de transporte" de Henry Ford e pela quimera da ideia de Le Corbusier do lar como uma "máquina de viver".

A Razão assumiu que a variedade e as divergências das intenções e preferências humanas eram apenas perturbações temporárias que tenderiam a se afastar do caminho do empreendimento de construção da ordem mediante a manipulação habilidosa de probabilidades comportamentais, por meio do arranjo apropriado de ambientes externos, e tornando impotentes e irrelevantes quaisquer características resistentes a tal manipulação. A visão de Jeremy Bentham, no fim do século XVIII, de uma vigilância universal acabou elevada por Michel Foucault e seus incontáveis discípulos e seguidores à categoria de padrão universal de poder e dominação – e, em última instância, de toda ordem social.

Esse tipo de ordem significava a ausência de tudo que fosse "redundante" – inútil ou indesejável, em outras palavras –, de tudo que causasse infelicidade ou fosse confuso e/ou desconfortável, pois era um obstáculo no caminho que levava ao pleno e tranquilo controle sobre a condição humana. Significava, em suma, tornar obrigatório o permissível e eliminar todo o resto. A convicção de que essa proeza é plausível, factível, estando à vista e ao alcance dos seres humanos, assim como o impulso irresistível de agir de acordo com essa convicção, foi e continua a ser o atributo definidor da modernidade. Ele teve seu auge no início do século XX. A "era moderna clássica", brutalmente desafiada e despida de sua autoconfiança pela eclosão da Segunda Guerra Mundial e por ela conduzida a meio século de agonia, foi uma jornada rumo à *perfeição*: alcançar um estado em que as pressões no sentido de aperfeiçoar as coisas chegariam ao fim, já que qualquer outra interferência no formato do mundo dos seres humanos só poderia piorá-las.

Pelas mesmas razões, a era moderna foi também uma era de *destruição*. A busca da perfeição exigia erradicar, eliminar e livrar-se de inumeráveis seres humanos que não se adequavam num esquema perfeito de coisas. *A destruição era a própria substância da criação*: destruir as imperfeições era condição – tanto suficiente quanto necessária – para se preparar o caminho que levava à perfeição. A história da modernidade, e particularmente de seu desenredo no século XX, foi a crônica da destruição criativa. As atrocidades que assinalam o curso desse "século curto" (como o chamou Eric Hobsbawm, fixando seu verdadeiro início em 1914 e seu verdadeiro fim em 1989) nasceram do sonho de limpeza, pureza, claridade e transparência da perfeição final.

As tentativas de concretizar esse sonho foram numerosas demais para as relacionarmos aqui. Mas duas delas se destacam do resto, pela sua escala de ambição sem precedentes e sua estranha obstinação. Ambas merecem ser incluídas entre as versões mais completas e fascinantes do sonho do "regime final", um tipo de regime que não precisa de reformas nem permite que elas ocorram. Foi em relação aos padrões por elas estabelecidos que todas as outras tentativas, genuínas ou putativas, realizadas, pretendidas ou supostas, vieram a ser avaliadas – e é sua imperturbável e inflexível eficácia que ainda espreita em nossa memória coletiva como o protótipo de todos os exemplos subsequentes que seguiram esse padrão, não importa quão francos ou disfarçados, determinados ou indiferentes. As duas tentativas em questão são, evidentemente, os esforços dos nazistas e dos comunistas para erradicar de uma vez por todas, no atacado e de um só golpe, qualquer elemento ou aspecto da condição humana considerado irregular, opaco, aleatório e resistente ao controle.

Exercícios de inspiração nazista foram realizados no próprio coração da civilização, da ciência e da arte europeias – em terras que se orgulham de terem chegado perto de realizar o sonho da "Casa de Salomão" de Francis Bacon: um mundo sob o domínio indiviso e inconteste da razão, ela mesma o servidor mais leal dos principais interesses dos seres humanos, assim como de seu conforto e de sua felicidade. A ideia de colocar ordem no mundo pela extirpação e a queima de suas impurezas, assim como a convicção de que isso era factível (desde que poder e vontade se mostrassem adequados à tarefa), foi incubada na mente de Hitler quando ele vagava pelas ruas de Viena, então a verdadeira capital da ciência e das artes na Europa.

Mais ou menos na mesma época, no limen da modernidade europeia, ideia análoga era gestada na mente de pessoas que olhavam com reverência, com um misto de respeito e de inveja, para o outro lado da permeável fronteira, atemorizados pelo que viam: a ideia comunista de perseguir, emparelhar-se e alcançar a civilização moderna na pista de corrida que leva à perfeição. A humilhante consciência de ter ficado para trás nessa disputa estimulava a urgência, encorajava a rapidez e sugeria a estratégia de cortar caminho; isso implicava a necessidade de condensar no período de vida de uma só geração o que do outro lado da linha de fronteira teria levado um longo tempo para realizar. E havia, claro, um alto preço a pagar em termos das dores da geração escolhida para nos conduzir a esse mundo livre de sofrimentos.

Nenhum sacrifício era considerado excessivo quando comparado aos encantos e à nobreza do destino. E nenhuma parte da realidade existente poderia exigir imunidade ou salvo-conduto em função de seus méritos do passado, muito menos por sua mera presença no mundo. O bilhete de ingresso no universo da perfeição tinha de ser ganho de outra maneira. E, evidentemente, nem todos tinham direito de entrar na fila. Como qualquer outro modelo de admirável mundo novo, o modelo comunista não estaria completo sem um inventário de pessoas desqualificadas cujo ingresso era recusado.

Tendo examinado cuidadosamente os arquivos das unidades de pesquisa e dos escritórios de administração nazistas, Götz Aly e Susanne Heim insistem em afirmar que a "política de modernização" e a "política de destruição" estavam intimamente conectadas às políticas nazistas voltadas para redesenhar o mapa político, étnico e social da Europa. Os governantes nazistas estavam determinados a impor na Europa, depois de sua conquista militar, "novas estruturas políticas, econômicas e sociais, do modo mais rápido possível".[1] Essa intenção evidentemente significava que não se permitia considerar acidentes históricos como a localização geográfica de grupos étnicos e a resultante distribuição de recursos naturais e forças de trabalho; afinal, a essência do poder é a capacidade de ignorar esses caprichos do destino. Num mundo construído para a ordem, de maneira pré-planejada e pré-programada, racional, não haverá lugar para muitos vestígios de um passado fortuito que poderia ser inadequado ou simplesmente prejudicial à recém-instalada ordem de coisas. Talvez fosse preciso deportar algumas populações para outros lugares onde suas capacidades fossem mais bem empregadas e aproveitadas para outros fins.

Pela sua natureza extrema, seu radicalismo desinibido e incontrolado, sua decisão de remover todos os obstáculos, os campos de concentração, Gulag, Auschwitz e Kolyma – e, tomados em conjunto, os episódios nazista e comunista da história moderna com que estão associados – são vistos, embora de maneira equivocada, como rebeliões contra os preceitos essenciais da "civilização moderna", e não como fenômenos condizentes com ela. Em lugar disso, eles levaram às últimas consequências a lógica da paixão moderna pela construção da ordem – que de outro modo não conseguiria atingir todo o seu potencial nem adquirir um volume de poder e um grau de domínio sobre a natureza e a história equivalentes aos sonhos e ambições do espírito moderno. Mas só conseguiram o que outros também desejavam, embora fossem tímidos demais (ou fracos ou pouco resolutos) para realizar.

E é o que continuamos a fazer, embora numa versão menos espetacular e, portanto, menos repulsiva, mais diluída e atenuada, seguindo, como você corretamente apontou, o preceito de "ausência, distanciamento e automação". Nós o fazemos agora, em outras palavras, de forma high-tech, tendo transcendido, rejeitado e abandonado os métodos primitivos da indústria caseira, que usavam a pregação moral para forçar as pessoas a fazer coisas que prefeririam não fazer, usando olhos humanos, fracos e não confiáveis, para a vigilância; a lavagem cerebral para obter disciplina; a polícia para garantir que a disciplina se mantivesse. Além da eliminação de indivíduos e categorias imperfeitos (*unwerte*), quando economistas, agrônomos e planejadores de espaços públicos sentiram-se obrigados a "sanear a estrutura social" das terras conquistadas. A qualidade racial dos seres humanos, segundo a engenharia social nazista, só poderia ser aperfeiçoada pela aniquilação ou ao menos pela castração da *unwertes Leben* ("vida inútil").[2]

DL: Sim, a modernidade, ao que parece, está devendo muitas respostas. Ou, em vez disso, deveríamos dizer que a modernidade revela algumas de suas faces profundamente desagradáveis em seu relato de como as ambições técnicas podem silenciar a voz da consciência e da compaixão? Talvez ainda mais assustador, contudo, seja o fato de que, a despeito do que se escreveu no pós-guerra sobre o Holocausto, tão pouco tenha se aprendido. A execração e a condenação legítimas de regimes específicos parecem quase superficiais se comparadas ao presente impulso de destacar da técnica os limites apropriados. A idolatria que nos atrai para essa lógica e nos cega quanto a seus limites torna esses efeitos de distanciamento ainda mais difusos e perniciosos na "era da informação".

ZB: Hans Jonas, um dos maiores filósofos éticos do século XX, foi possivelmente o primeiro a chamar nossa atenção, e com uma franqueza que não deixou nada à imaginação, para as consequências repulsivas da moderna vitória da tecnologia sobre a ética. Agora dispomos da tecnologia (observe, ele disse isso bem antes que nascessem as ideias, que dirá as tecnologias, de mísseis inteligentes ou *drones*), com a qual podemos agir a distâncias tão enormes (no espaço e no tempo) que não podem ser abarcadas por nossa imaginação ética, ainda confinada, como o tem sido por séculos, ao curto espaço do que está "à vista" e "ao alcance". E Ellul, que você adequadamente lembrou, lançou uma sombra sobre a expectativa de se chegar a construir uma ponte sobre o espaço cada vez mais amplo que separa a tecnologia da ética, observando que a capacidade "instrumental" de nossa racionalidade tem sido invertida desde a época de Max Weber: ela não nos leva mais a ajustar os meios aos fins, mas permite que nossos meios sejam determinados pela disponibilidade dos fins.

Não mais desenvolvemos técnicas "a fim de" fazer o que queremos que seja feito, mas escolhemos coisas para fazer simplesmente porque a tecnologia para isso foi desenvolvida (ou melhor, foi encontrada por acaso, acidentalmente, "por sorte"). Quanto maior a distância ao longo da qual a tecnologia nos permite fazer as coisas aparecerem ou desaparecerem, menor a chance de que as novas oportunidades possibilitadas pela tecnologia fiquem subaproveitadas – para não dizer não empregadas, porque seus resultados potenciais ou efeitos colaterais podem chocar-se com outras considerações (morais inclusive) irrelevantes para a tarefa em questão. Em outras palavras, o efeito mais seminal do progresso na tecnologia de "ausência, distanciamento e automação" é a *libertação progressiva e talvez incontrolável de nossos atos em relação aos limites morais.* Quando o princípio do "podemos fazer, então façamos" governa nossas escolhas, alcançamos um ponto em que a responsabilidade moral pelos feitos humanos e seus efeitos desumanos não pode ser nem oficialmente postulada nem exercida de fato.

Durante a última guerra mundial, George Orwell ponderou: "Enquanto escrevo, seres humanos altamente civilizados estão voando sobre mim, tentando me matar. Eles não têm inimizade em relação a mim como indivíduo, nem eu em relação a eles. Estão apenas 'fazendo o seu trabalho', como se diz." Alguns anos depois, examinando o enorme cemitério em camadas chamado Europa em busca do tipo de ser humano que conseguiu fazer aquilo com outros de sua espécie, Hannah Arendt revelou o hábito "flutuante" da responsabilidade no interior do corpo burocrático; às suas consequências ela deu o nome de "responsabilidade de ninguém". Mais de meio século depois, poderíamos dizer o mesmo do atual estado da arte de matar.

Continuidade, então? Sim, temos continuidade, embora, por constância aos hábitos dessa condição, na companhia de algumas descontinuidades… A principal novidade é a obliteração das diferenças de status entre meios e fins. Ou melhor, a guerra de independência que terminou com a vitória dos machados sobre os carrascos. Agora são os machados que escolhem os fins: as cabeças a decepar. Os carrascos podem fazer muito pouco para impedi-los (ou seja, mudar as mentes que eles não têm ou recorrer a sentimentos que não possuem) além do que podia o lendário aprendiz de feiticeiro. (Essa alegoria não é de modo algum fantasiosa; como escreveram Thom Shanker, correspondente no Pentágono, e Matt Richtel, correspondente na área da tecnologia, no *New York Times* de hoje: "Assim como têm promovido há muito tempo o avanço tecnológico, os militares agora estão na linha de frente imaginando como os seres humanos podem lidar com a tecnologia sem serem sobrepujados por ela." E da forma como o neurocientista Art Kramer vê a situação: "Há uma sobrecarga de informação em todos os níveis da área militar, do general ao soldado."[3] Todos no Exército, "do general ao soldado", foram rebaixados do gabinete do feiticeiro para a posição inferior de seu aprendiz.)

Desde 11 de setembro de 2001, a quantidade de "informações" acumulada pela tecnologia de ponta à disposição do Exército americano aumentou 1.600%. Não que os carrascos tenham perdido suas consciências nem sido imunizados contra os escrúpulos morais; simplesmente não podem dar conta do volume de informações coletado pelos dispositivos que controlam. Estes, na verdade, podem funcionar igualmente bem (ou mal) *com* ou *sem* a ajuda deles, obrigado. Chute os carrascos para longe de suas telas, e dificilmente você vai notar sua ausência se observar a distribuição dos resultados.

No início do século XXI, a tecnologia militar conseguira fazer a responsabilidade flutuar, e portanto "despersonalizá-la" num grau inimaginável no tempo de Orwell ou Hannah Arendt. Mísseis ou *drones* (aeronaves não tripuladas) "espertos", "inteligentes", assumiram o processo de tomada de decisão e a seleção dos alvos, confiscados tanto dos soldados rasos quanto dos membros dos mais altos escalões na máquina militar. Eu sugeriria que os desenvolvimentos tecnológicos mais fundamentais dos últimos anos não foram pesquisados e introduzidos para aumentar o poder mortífero dos armamentos, mas na área da "adiaforização" da matança militar (ou seja, sua exclusão da categoria de ações sujeitas à avaliação moral). Como Günther Anders advertiu depois de Nagasaki, mas muito antes de Vietnã, Afeganistão ou Iraque, "não é possível ranger os dentes ao pressionar um botão. ... Uma tecla é uma tecla". Se a tecla for pressionada, ela liga uma máquina de fazer sorvete na cozinha, alimenta uma rede de eletricidade ou libera os cavaleiros do Apocalipse, não faz diferença. "O gesto inicial do Apocalipse não seria diferente de nenhum outro gesto – e seria feito, como qualquer outro gesto semelhante, por um operador também guiado e aborrecido pela rotina."[4] "Se algo simboliza a natureza satânica de nossa condição, é precisamente a inocência do gesto", conclui Anders, com a irrelevância de esforço físico e de pensamento necessários para desencadear um cataclismo – *qualquer um*, incluindo o "globocídio".

Novo é o *drone*, adequadamente chamado de "predador", que assumiu a tarefa de coletar e processar informações. O equipamento eletrônico do *drone* destaca-se na execução de sua tarefa. Mas que tarefa? Tal como a função manifesta do machado é permitir que o carrasco execute o condenado, a função manifesta do *drone* é habilitar seu operador a localizar o objeto da execução. Mas o *drone* que se destaca nessa função e inunda o operador de fluxos de informação que este é incapaz de digerir (muito menos processar pronta e rapidamente) "em tempo real" pode estar desempenhando outra função, latente e não declarada: isentar o operador da culpa moral que o assaltaria caso fosse incumbido de selecionar os condenados a executar; e, o que é ainda mais importante, ele deixa o operador seguro de que, se ocorrer um erro, ele não será acusado dessa imoralidade. Se "pessoas inocentes" forem mortas, será um problema técnico, não um pecado ou falha moral – e, a julgar pelos códigos, não será um crime.

Como dizem Shanker e Richtel, "sensores baseados em *drones* deram origem a uma nova classe de guerreiros com fios, encarregados de filtrar o oceano de informações. Às vezes, porém, eles se afogam". Mas a capacidade de afogar as faculdades mentais (e, portanto, indiretamente, morais) do operador não está incluída no projeto do *drone*? Quando, em fevereiro de 2011, 23 afegãos convidados para uma cerimônia de casamento foram mortos, os operadores responsáveis por apertar os botões puderam pôr a culpa nas telas transformadas em "atrações irresistíveis": eles haviam se perdido só de ficar com os olhos grudados nelas. Havia crianças entre as vítimas das bombas, mas os operadores "não se concentraram nelas, em meio a um turbilhão de dados" – "como um viciado em internet que perde a pista de um e-mail importante diante de uma pilha crescente." Bem, ninguém acusaria esse viciado de falha moral…

Desencadear um cataclismo (incluindo, como insiste Anders, um "globocídio") agora se tornou ainda mais fácil e plausível do que quando ele escreveu suas advertências. Ao "operário enfadado com a rotina" se juntou seu colega e provável substituto e sucessor – o sujeito com os olhos fixos numa "atração irresistível", a mente afundada num "turbilhão de dados".

DL: Concordo substancialmente com você, Zygmunt. Há importantes continuidades que se deve ter em mente (com algumas descontinuidades, amplificações e reduções) no mundo do que se poderia chamar de "ação in absentia". Entretanto, embora seus exemplos sejam deprimentes, gostaria que refletíssemos um pouco mais sobre as continuidades não militares, as que não envolvem diretamente o assassinato. Alguns contextos de vigilância de fato produzem a morte como resultado esperado ou possível, mas a grande maioria, não. No entanto, a adiaforização a que você se refere pode muito bem ser evidente, embora o caráter da responsabilidade moral perdida talvez difira muito.

Permita-me retomar alguns de seus comentários acerca da vigilância, desta vez no contexto da globalização. Alguém poderia querer apresentar críticas ou objeções às distinções que você faz entre "globais e locais" ou "turistas e vagabundos", mas o que você defendeu em *Globalização*, originalmente publicado em 1998, ainda se sustenta: a base de dados é uma forma importante de peneirar ou separar o que se quer do que não se quer, os migrantes desejáveis dos indesejáveis. Essas bases de dados possibilitam "fazer coisas a distância" (ou a "ação in absentia"), mormente nos casos que você acabou de comentar com tanta perspicácia. De forma correlata, em meu trabalho, tenho chamado atenção para o fato de que, quando pensamos em populações migrantes, as fronteiras estão em toda parte.[5]

Digo isso por vários motivos, mas dois deles se destacam. De um lado, a fronteira como linha geográfica faz menos sentido ainda do que fazia quando foi concebida como uma espécie de expressão física da prática do mapeamento. Embora a parafernália dos postos de controle ou dos escritórios alfandegários e de imigração possa estar nas passagens de fronteira, o uso de bases de dados remotas e de redes de telecomunicação significa que a verificação fundamental – e capaz de gerar consequências – ocorre extraterritorialmente, ou pelo menos em múltiplos locais cujo endereço verdadeiro é imaterial (quase que em ambos os sentidos!).

Mas outro significado do fato de a fronteira estar em toda parte é que não importa nem onde o migrante "indesejável" esteja. Você pode ser detido em qualquer lugar. (Na verdade, acompanhei um caso ocorrido no Reino Unido esta semana, em que agentes da imigração estavam verificando a documentação de pessoas nas redes de transporte público, em estações de ônibus, numa interpretação um tanto elástica das regras que supostamente os orientam.)[6]

O que estou insinuando é que o negócio de fazer coisas a distância sobre o qual Jonas, Levinas e outros escreveram agora se ampliou enormemente. Essa capacidade de ação remota possibilitada pelas infraestruturas de informação e pelo software de categorização está de fato envolvida nas tomadas de decisão militares, mas também é característica de todas as formas de tomada de decisão que possam ter consequências importantes para as chances e oportunidades de vida de muitas populações. Poderíamos introduzir a crítica da adiaforização também nesses contextos? Buscar a solução dessas questões parece-lhe uma estratégia válida?

ZB: Todo e qualquer tipo e exemplo de vigilância serve ao mesmo propósito: identificar os alvos, localizá-los e/ou concentrar-se neles – toda diferenciação funcional começa nessa base comum.

Evidentemente você está certo quando observa que se concentrar na "ordem para matar" estreita o nosso tópico, embora eu suponha (e suspeite) que o trabalho de pesquisa e desenvolvimento relacionado aos militares e por eles financiado tendo em mente a "execução a distância" constitui a unidade avançada do exército de vigilância, fornecendo a maior parte das inovações tecnológicas depois adaptadas às necessidades de outras variedades, as de "segurança" paramilitar – e também a usos claramente comerciais e de marketing. Sugiro, ainda, que as aplicações militares pioneiras estabeleceram os padrões técnicos dos conteúdos da caixa de ferramentas da vigilância, assim como o arcabouço cognitivo e pragmático para seu desenvolvimento. Creio também que isso é mais verdadeiro na era do ban-óptico que em qualquer outra.

Sim, você está certo outra vez – os instrumentos de vigilância instalados na entrada de lojas ou condomínios fechados não estão equipados com um "braço executivo" planejado para aniquilar os alvos identificados e selecionados. Mas seu propósito, de qualquer forma, é a inabilitação e a remoção dos alvos para "além dos limites". O mesmo se poderia dizer da vigilância usada para identificar, entre aspirantes a clientes, os indignos de crédito; ou das ferramentas de vigilância utilizadas para, entre as multidões que inundam os supermercados, separar os ociosos sem dinheiro dos clientes promissores. Nenhuma das duas variedades de vigilância contemporânea tem o propósito de causar a morte física; no entanto, visam a um tipo de morte (a morte de tudo aquilo que importa). Não um falecimento corpóreo e, acima de tudo, não algo finito, mas (em princípio) revogável: uma morte social, deixando em aberto, por assim dizer, a chance de uma ressurreição (reabilitação, restauração de direitos) social. A exclusão social, razão de ser do ban-óptico, é em sua essência análoga a um veredicto de morte social, ainda que na grande maioria dos casos a sentença implique uma ordem de adiamento da execução.

E você também acerta no alvo quando observa que a capacidade oferecida pela tecnologia de vigilância a distância (em outras palavras, o fato de tornar o âmbito da segurança plena e totalmente extraterritorial, livre dos limites e restrições impostos pela distância geográfica) é empregada com zelo excepcional no controle da migração, um processo eminentemente *global*. Concordo com cada palavra de sua análise.

Os Estados Unidos fizeram seus agentes de imigração saírem dos pontos de aterrissagem dos voos que chegavam para os pontos de embarque. Mas essa parece uma solução primitiva, do tipo indústria doméstica, se comparada com os métodos, em rápida difusão, dos governos dos países ricos, destinos em potencial dos migrantes, para "cortar a ameaça no nascedouro": redirecionar o equipamento de segurança para os pontos de *partida* da migração, em lugar de seus *destinos* presumidos e temidos; identificar, prender e imobilizar os suspeitos bem longe das próprias fronteiras, e chantagear ou subornar países exportadores de mão de obra para que estes aceitem o papel de delegacias de polícia envolvidas na (leia-se: responsáveis pela) tarefa de "prevenção do crime" ou "encarceramento e incapacitação de suspeitos".

Podemos dizer que o que está envolvido aqui não é tanto despir a vigilância física de sua importância e superar seu potencial de resistir e obstruir quanto manipular as distâncias. A distância entre o ponto de partida e o ponto de chegada dos migrantes é estendida além de seu "âmbito específico" (os migrantes são colocados na categoria de "suspeitos de terem cometido crimes" muito longe do lugar em que a lei realmente possa ter sido infringida; e são reclassificados como infratores), enquanto a distância física que separa as torres de vigilância de seus objetos é drasticamente reduzida a zero por meio das ferramentas eletrônicas da "comunicação em tempo real".

Um ganho colateral dos vigias – um bônus cuja atração não deve ser subestimada, uma tentação difícil de resistir – é a chance de "encobrir" ou "limpar" os efeitos odiosos e condenáveis dessa manipulação, com seu potencial provocador de retaliação: o distanciamento contrafactual, geográfico e jurídico dos locais em que se faz o "trabalho sujo" da execução, inevitavelmente nocivo, em relação aos escritórios que coletam informações e de onde emanam as ordens. Em outras palavras, invocando Hannah Arendt, a "flutuação" da responsabilidade. Trata-se de um expediente utilizado, com efeitos assombrosos, pelos perpetradores do Holocausto muito antes do advento da sofisticada tecnologia de vigilância atual, mas que esta tornou muito mais limpo, suave, hábil e livre de problemas (para quem dá as ordens). E, como já sabemos, fazer flutuar a responsabilidade é um dos difundidos e eficazes estratagemas da adiaforização – da desativação da resistência moral à perpetração de atos imorais e do uso exclusivo de critérios de eficiência instrumental na escolha das formas de procedimento.

DL: Por favor, Zygmunt, podemos esclarecer uma coisa? Quando você fala dos "efeitos" da tecnologia, às vezes isso soa como se eles fossem sempre negativos, em todo tempo e lugar. As novas tecnologias inserem uma cunha entre os seres humanos e suas responsabilidades morais recíprocas talvez semelhante à introduzida pela burocracia, antes delas. Assim, os *drones* ajudam a matar a distância, da mesma forma que outras máquinas eletrônicas em geral possibilitam a "ação in absentia". Realmente parece, segundo os estudos relatados, que apenas uma minoria dos operadores de *drones* (por exemplo) padece de estresse pós-traumático, ainda que os vídeos que são obrigados a assistir contenham muitas vezes detalhes pavorosos.[7]

Minha pergunta é: precisa ser assim? Haveria algo inelutável quanto aos efeitos malignos da mediação eletrônica, ou será que as mesmas tecnologias também facilitam as relações humanas e, ao que se espera, sociais? A pergunta já estava implicitamente presente no modo como iniciei esta conversa, observando que se envolver num diálogo intercontinental como este só é possível com as tecnologias de informação e comunicação, ou ao que agora tendemos a chamar de nova mídia.

Não estou propondo, claro, que as novas tecnologias sejam uma espécie de ferramenta "neutra", cuja direção moral é revelada apenas naquilo "para o qual é usada". Todo desenvolvimento tecnológico certamente é o produto de relações culturais, sociais e políticas. Tudo que chamamos de "tecnologia" é mais propriamente uma característica de relações "tecnossociais" ou "sociotécnicas". Nesse sentido, todos os dispositivos e sistemas exibem tendências morais; não um comportamento moral em si (em minha visão), mas uma direção moral. Se isso está correto, então, empregadas de determinada forma, as tecnologias podem contribuir para efeitos de distanciamento negativos; mas, de outra, para uma superação pelo menos parcial da distância geográfica. Meu desfrute do Skype com filhos ou netos distantes é um exemplo ilustrativo disso.

O teórico da mídia Roger Silverstone costumava lamentar o fato de que duas compreensões de distância tendem a se fundir em nossas referências às tecnologias: a moral e a geográfica. Ele fala de "distância adequada", querendo dizer uma distância "evidente, correta e moral ou socialmente apropriada", e propõe que essa expressão seja aplicada criticamente.[8] Qual a distância adequada para os relacionamentos pela internet ou de vigilância? Fornecer os meios de se comunicar a distância é promover a conexão, talvez até a comunicação, mas o espacial e o social não deveriam ser suprimidos. A distância também é uma categoria moral; e, para superá-la, é necessária a proximidade, não a tecnologia. Isso, evidentemente, está próximo do que você já disse, por exemplo, em *Postmodern Ethics*: essa proximidade é a domínio da intimidade e da moral, enquanto a distância é o reino do estranhamento e da lei.

Para você, penso eu, a modernidade recusa o íntimo e o moral, e essa recusa também nos é frequentemente imposta por atividades da lei e do Estado, incluindo, em especial, acrescentaria eu, a vigilância. Proximidade e distância adequada exigem responsabilidade, o que amiúde é negado pela modernidade e pela tecnologia. Mas a distância adequada de Silverstone é nuançada. Na visão dele, a tecnologia não determina as coisas: ela restringe, mas também possibilita. No fluxo e na fluidez dos relacionamentos, uma gama de mediações tecnológicas e discursivas desestabiliza a distância adequada necessária para agir eticamente. A distância adequada deve ser produzida. Venho por muito tempo argumentando que, embora grande parte da vigilância esteja envolvida com questões de controle – o poder está sempre implícito –, isso não exclui a possibilidade de que haja formas pelas quais ela possa estar a serviço do Outro. A questão-chave aqui é: como podemos nos comportar de forma responsável em relação a outros mediados?

Assim, de volta à minha pergunta, será que as tecnologias de vigilância podem ser afinadas pela clave da proteção, ou estariam elas irremediavelmente comprometidas com a inabilitação da moral e com a adiaforização?

ZB: Podemos imaginar a modernidade (que é, em última instância, um estado de "modernização" compulsiva, obsessiva e viciante, um codinome para tornar as coisas melhores do que são) como uma espada com a ponta permanentemente pressionada contra as realidades existentes. Podemos pensar da mesma forma sobre a tecnologia. Como a invenção, o desenvolvimento e o emprego de técnicas adequadas a essa tarefa constituem uma ferramenta importante, possivelmente a principal da atividade prática moderna, ela pode ser vista como o atributo definidor da modernidade. Mas as espadas em geral têm dois gumes. São aplicadas com utilidade para lidar com a tarefa que se tem pela frente, mas podem cortar dos dois lados, e espadas em movimento, por sua natureza, são ferramentas perigosas. Além de seus objetivos planejados, escolhidos por sua suposta adequação e qualidade, elas são conhecidas por ferir e danificar alvos não intencionais. A atividade prática, para ser eficaz, precisa concentrar-se no tema em questão; mas os objetos da ação em geral são ligados por laços de interdependência com inúmeros outros objetos que, naquela ocasião, ficam fora de foco.

Assim, ao lado dos objetos estabelecidos, as ações têm inevitavelmente "consequências imprevistas"; efeitos colaterais danosos que ninguém desejava e que certamente ninguém planejou. Ulrich Beck genialmente sugeriu que toda e qualquer ação envolve "riscos", e que o efeito "positivo" da ação e seu efeito colateral "negativo" têm as mesmas causas, de modo que não se pode ter um sem o outro. Ao aceitarmos uma ação, somos da mesma forma compelidos a aceitar os riscos a que ela está inevitavelmente associada. Há pouco tempo, o discurso dos "riscos" passou a ser deslocado e substituído pelo discurso dos "danos colaterais" ou "baixas colaterais" – e a ideia de "colateralidade" sugere que os efeitos presumidamente positivos e os reconhecidamente negativos correm em paralelo; por essa razão, cada aplicação consciente, honesta, de qualquer tecnologia nova abre (ao menos em princípio) uma nova área de fatalidades antes não vivenciadas.

Tendo inventado e construído a rede ferroviária, nossos ancestrais também inventaram o desastre de trem. A introdução da viagem aérea abriu um vasto campo de acidentes antes desconhecidos. A tecnologia atômica/nuclear nos trouxe Chernobyl e Fukushima, o espectro jamais exorcizado de uma guerra nuclear. A engenharia genética já aumentou radicalmente a quantidade de alimentos disponível, embora nunca tenha deixado de ser uma catástrofe global iminente, caso algumas espécies por ela produzidas estabeleçam interações não planejadas e desencadeiem processos indesejados que fiquem fora de controle.

Silverstone, concluo eu, fala do mesmo atributo inseparável do "progresso tecnológico", só que nesse caso ele é apresentado como uma "ordem inversa", por assim dizer. Acho que ele concordaria sinceramente com a crítica das aplicações intencionais da vigilância e veria objetivos iníquos como a principal razão e o motor do progresso espetacular na tecnologia de vigilância; sua "descoberta" é que uma tecnologia voltada para a incapacitação também pode ter algumas utilidades para os que buscam o oposto (como os muros usados para construir guetos e prisões também podem servir aos que procuram nichos de solidariedade e sentimentos comunitários).

Não se pode dizer que seja uma descoberta afirmar que a tecnologia é uma espada de dois gumes, e que ela pode encontrar aplicações imprevistas e servir a interesses não planejados. Não importa quão numerosos sejam os exemplos de aplicações louváveis (ainda que seguramente não planejadas) das técnicas de vigilância, permanece o fato de que não são esses usos meritórios e aprováveis que estabelecem o padrão e desenham o "mapa rodoviário" do desenvolvimento dessa tecnologia; tampouco são eles que decidem sobre seu valor social e ético.

Mesmo que as notícias favoráveis se multipliquem, ainda há – como Ulrich Beck insiste em nos lembrar – o imperativo do cuidadoso e consciente "cálculo de riscos". Um cálculo de perdas e ganhos. O que prevalece na balança, levando-se em consideração todos os impactos, os ganhos ou as perdas sociais? O avanço da moralidade ou sua devastação? A promoção da divisão e separação social ou o reforço da solidariedade humana? Ninguém nega que, à proporção que os suprimentos de fontes de energia não renováveis se esgotam, a energia atômica pode oferecer a verdadeira solução para a iminente crise nessa área. E, no entanto, depois de Fukushima, os governos dos países mais poderosos estão considerando seriamente a possibilidade de uma interdição total de usinas atômicas.

· 4 ·

In/segurança e vigilância

David Lyon: Entre as racionalizações para o engajamento na vigilância, um motivo-chave é a busca de segurança. Evidentemente, como costuma ocorrer nos debates sobre o tema, isso não é novidade. Pense nas referências bíblicas à importância de se ter um "vigilante" da cidade, ou em Francisco, de guarda na entrada do castelo de Elsinore, na cena de abertura do *Hamlet* de Shakespeare. Preservar a segurança sempre foi uma racionalização para se desenvolver uma atenção cuidadosa, identificar os que seriam amigos ou os adversários. Como tal, a vigilância parece ter um forte motivo de proteção: vigiar para cuidar. No século XXI, contudo, essa inocência parece em falta. A segurança – palavra com a qual frequentemente se deseja designar alguma ideia mal definida de segurança "nacional" – é hoje prioridade política em muitos países e através deles, e constitui uma poderosa motivação no mundo da vigilância.

Os principais meios de obter segurança, ao que parece, são as novas técnicas e tecnologias de vigilância, que supostamente nos protegem, não de perigos distintos, mas de riscos nebulosos e informes. As coisas mudaram tanto para os vigilantes quanto para os vigiados. Se antes você podia dormir tranquilo sabendo que o vigia noturno estava no portão da cidade, o mesmo não pode ser dito da "segurança" atual. Ironicamente, parece que a segurança de hoje gera como subproduto – ou talvez, em alguns casos, como política delibe-rada? – certas formas de *in*segurança, uma insegurança fortemente sentida pelas pessoas muito pobres que as medidas de segurança deveriam proteger.

Ora, você comentou que a sociedade líquida moderna é um "dispositivo que tenta tornar suportável viver com medo".[1] Assim, longe de conseguir dominar os medos um a um, a modernidade líquida agora descobre que lutar contra os medos é tarefa para toda a vida. Se nós, no Ocidente, não estávamos plenamente conscientes disso antes do 11 de Setembro, aquilo que você chama de "terrores do global" nos fez recuperar o atraso. Depois do 11 de Setembro, as práticas de administração de riscos, já *de rigueur* há várias décadas, tornaram-se obviamente muito difundidas. E, uma vez mais, você ob-servou que, com o foco da segurança nos "objetos externos, visíveis e registráveis", os novos sistemas de vigilância tendem a ser "cegos aos motivos e escolhas individuais subjacentes às imagens gravadas; assim, devem acabar levando à substituição da ideia de indivíduos malfeitores pela de 'categorias suspeitas'".[2]

Não admira muito que *in*seguranças apareçam quando se instala nos aeroportos um novo escâner para o corpo inteiro, ou uma máqui-na biométrica de digitais, ou se exigem nos postos de fronteira pas-saportes aperfeiçoados, com etiquetas embutidas de identificação por radiofrequência. Não é possível saber quando as categorias de risco podem "acidentalmente" nos incluir, ou, mais precisamente, nos excluir de participação, ingresso ou direitos. Ou talvez apenas o que você corretamente denominou "obsessão por segurança" produza uma inquietação mais banal.

Katja Franko e outros autores nos contam sobre as empresas no-ruguesas de aviação que escreveram às autoridades aeroportuárias reclamando da "segurança excessiva" que prejudicava a segurança aérea propriamente dita. As tripulações sentiam-se molestadas por serem examinadas dez ou doze vezes por dia. Pilotos com centenas de passageiros a seus cuidados não podiam tirar uma pausa para lanchar sem passar pelos controles de segurança. Disseram que "se sentiam criminosos".[3]

Mas seria equivocado imaginar que as *in*seguranças relaciona-das à vigilância a serviço da segurança se limitem a assuntos direta-mente ligados ao pós-11 de Setembro. Por exemplo, Torin Monahan mostra em sua obra desanimadora, intitulada *Surveillance in the Time of Insecurity*, que vários tipos diferentes de "culturas de segurança", com suas "infraestruturas de vigilância" correspondentes, têm conse-quências semelhantes para gerar inseguranças, ao mesmo tempo que agravam as desigualdades sociais. Nos Estados Unidos, de onde vem a maioria dos exemplos, Monahan diz que "um tema unificador é o medo do Outro".[4] Acrescenta-se uma distorção, segundo Monahan. Para lidar com cada novo medo, cada nova insegurança, os cidadãos comuns são estimulados a fazer duas coisas: primeiro, sustentar a carga estocando mantimentos, instalando alarmes ou pagando um seguro; segundo, endossando medidas extremas, incluindo a tortura e a espionagem doméstica.

Tendo isso em vista, parece-me que usar uma expressão como "vigilância líquida" mais uma vez é justificado. Esse é o tipo de vigi-lância adequado aos tempos líquidos e portador de alguns dos sinais reveladores da liquidez contemporânea. Tentamos desesperadamente tornar mais suportável viver com medo, porém, cada tentativa produz outros riscos, novos medos. Disso são sintomáticos os horrores do 11 de Setembro e suas consequências, mas não apenas isso. Pessoas ca-tegorizadas como inocentes agora correm risco e estão amedrontadas, numa irônica paródia do terrorismo. E o problema é bem mais geral do que aquilo que ocorre na segurança dos aeroportos e nos postos de fronteira. Poderíamos, assim, iniciar este segmento comentando as mudanças do pré-moderno para o moderno e daí para o líquido moderno na vigilância induzida pela segurança. O que realmente mu-dou, e será que algumas características da vigilância de segurança pré-moderna – sugeridas em meus exemplos bíblico e shakespeariano – foram permanentemente perdidas?

Zygmunt Bauman: Mais uma vez nós concordamos plenamente. Em primeiro lugar, Francisco, com ou sem os benefícios dos aparelhos eletrônicos modernos, era responsável pela segurança do castelo de Elsinore em relação aos perigos emanados de "*fora da cidade*", esse amplo espaço frouxamente controlado, habitado por bandoleiros, salteadores e outros tipos de desconhecidos não categorizados, mas ameaçadores. Seus sucessores guardam a cidade em relação às incontáveis ameaças que espreitam *dentro* dela. As cidadelas de segurança urbanas transformaram-se ao longo dos séculos em estufas ou incubadoras de perigos reais ou imaginários, endêmicos ou planejados. Construídas com a ideia de instalar ilhas de ordem num mar de caos, as cidades transformaram-se nas fontes mais profusas de desordem, exigindo muralhas, barricadas, torres de vigilância e canhoneiras visíveis e invisíveis – além de incontáveis homens armados.

Em segundo lugar, como você assinala, citando Monahan, "o tema unificador" de todos esses dispositivos de segurança intraurbana "é o medo do Outro". Mas esse Outro que tendemos ou somos induzidos a temer não é algum indivíduo ou categoria de indivíduos que se estabeleceu, ou foi forçado a fazê-lo, fora dos limites da cidade, e aos quais se negou o direito de fixar residência ou se estabelecer temporariamente. Em vez disso, o Outro é um vizinho, um transeunte, um vadio, um espreitador, em última instância, qualquer estranho. Mas então, como todos sabemos, os moradores das cidades são estranhos entre si, e todos somos suspeitos de portar o perigo; assim, todos nós, em algum grau, queremos que as ameaças flutuantes, difusas e incontroladas sejam condensadas e acumuladas num conjunto de "suspeitos habituais". Espera-se que essa condensação mantenha a ameaça afastada e também, simultaneamente, nos proteja do perigo de sermos classificados como parte dela.

É por essa dupla razão – proteger-nos dos perigos *e* de sermos classificados como um perigo – que temos investido numa densa rede de medidas de vigilância, seleção, segregação e exclusão. Todos nós devemos identificar os inimigos da segurança para *não sermos incluídos entre eles*. Precisamos acusar para sermos absolvidos, excluir para evitarmos a exclusão. Precisamos confiar na eficácia dos dispositivos de vigilância para termos o conforto de acreditar que nós, criaturas decentes que somos, escaparemos ilesos das emboscadas armadas por esses dispositivos – e que assim seremos reinvestidos e reconfirmados em nossa decência e na adequação de nossos métodos. Realmente, é uma guinada curiosa e fatal no significado da centenária mensagem de John Donne: "Nenhum homem é uma ilha isolada; todo homem é uma partícula do continente, uma parte da terra. ... E por isso não perguntes por quem os sinos dobram; eles dobram por ti."

E, em terceiro lugar, agora parece que todos nós, ou pelo menos a grande maioria, nos transformamos em viciados em segurança. Tendo ingerido e assimilado o *Weltanschauung* da ubiquidade do perigo, da abrangência das bases para a desconfiança e a suspeita, da noção de convivência segura como algo concebível unicamente como produto da vigilância permanente, nós nos tornamos dependentes da vigilância que é feita e que é percebida como algo feito.

Como observa Anna Minton, "a necessidade de segurança torna-se viciante; as pessoas descobrem que, embora tenham muito, isso nunca será suficiente; e que, de modo muito semelhante ao que acontece com a droga que vicia, uma vez tendo se acostumado, a pessoa não pode passar sem ela".[5] "O medo alimenta o medo", conclui Minton, e eu concordo plenamente. Creio que você também. A resistência singular e solitária à tendência geral e à disposição quase universal tem pouca utilidade; exige uma vontade forte e é social e financeiramente cara.

Elaine, por exemplo, um dos casos citados por Anna Minton, foi surpreendida depois de se mudar para uma nova casa pela "quantidade de equipamentos de segurança que já estavam lá – de câmeras de circuito fechado a numerosas trancas simples e duplas nas portas e janelas, além de sistemas múltiplos de alarme altamente complexos". Elaine sentiu-se desconfortável num ambiente que lhe lembrava o tempo todo a necessidade de sentir medo, de olhar com temor em volta de si e de tomar precauções, e desejava que a maior parte dos dispositivos fosse removida. "Mas era mais fácil dizer do que fazer. Quando ela afinal conseguiu encontrar pessoas para remover as trancas, elas ficaram surpresas com o pedido de Elaine, e lhe disseram que raramente realizavam aquele tipo de serviço."

A propósito, Agnes Heller observou, num número recente do periódico trimestral *Thesis Eleven*, uma guinada sintomática nos romances históricos contemporâneos. Ao contrário de seus predecessores, os autores que agora situam suas tramas em tempos passados, pré-modernos, dificilmente se concentram em ultrajes perpetrados por exércitos estrangeiros, invasões ou guerras, ainda que não faltassem esses aspectos nos períodos em que se passam as histórias. Em vez disso, o foco é o "medo ambiente" que permeia a vida cotidiana: medo de ser acusado de bruxaria, heresia, roubo ou assassinato. Autores nascidos e criados em nossa época imputam retrospectivamente a nossos antepassados e percebem entre suas motivações as espécies de terror típicas de nossa era obcecada com a segurança e viciada nela. As fontes de pesadelos mudaram no mapa-múndi deles, por assim dizer, do "lá fora" para o "aqui dentro". Elas brotam no bar ou no pub mais próximo, entre os vizinhos do lado – e às vezes se estabelecem até em nossa cozinha ou no quarto de dormir.

Esse é o paradoxo de nosso mundo saturado de dispositivos de vigilância, quaisquer que sejam seus pretensos propósitos: de um lado, estamos mais protegidos da insegurança que qualquer geração anterior; de outro, porém, nenhuma geração anterior, pré-eletrônica, vivenciou os sentimentos de insegurança como experiência de todos os dias (e de todas as noites).

DL: Minha concordância com você não poderia ser maior, Zygmunt. Mas gostaria de instigá-lo em relação a um ou dois aspectos. Comecemos por aqueles "sentimentos de insegurança". Eles existem em muitos níveis e não contribuem para uma generalizada "cultura do medo", como alguns insinuaram, mas para múltiplas culturas do medo. Num nível, por exemplo, há os medos associados ao fato de ser membro de uma minoria proscrita, um perigoso árabe muçulmano no Ocidente. Poucas semanas atrás, encontrei-me pela primeira vez com Maher Arar, engenheiro canadense que, depois de uma série de erros clamorosos das agências de segurança do Canadá e de uma prisão arbitrária por autoridades americanas em Nova York, acabou vítima de tortura na Síria, em 2002-03. Uma interpretação singular, baseada na manipulação equivocada de dados altamente duvidosos, ameaçou destruir sua saúde, sua vida familiar, tudo aquilo que de fato lhe era caro.

Mas as inseguranças das chamadas sociedades de risco não afetam apenas pessoas como Arar, sem qualquer conexão demonstrável com o terrorismo (incluindo as que nem mesmo têm traços físicos que possam caracterizá-las como do "Oriente Médio"); atingem também pessoas avisadas de que testes genéticos indicam sua propensão a desenvolver certas doenças, ou pais ansiosos por proteger seus filhos dos perigos do centro da cidade.

Esses casos têm em comum o fato de que a segurança é vista como algo relativo a uma maioria, deixando à margem o anormal, os desvios estatísticos. Assim, os árabes muçulmanos no Ocidente, mas também a minoria cujos genes supostamente assinalam possíveis doenças, ou aqueles que são vulneráveis aos riscos das ruas à noite, todos são atingidos pela insegurança. O futuro que se imagina para a segurança prevê que todas as anormalidades (terrorismo, doença, violência) tenham sido excluídas ou pelo menos contidas. E, como diz Didier Bigo, a vigilância atualmente conecta o que Foucault separou – disciplina e segurança –, de tal modo que, num certo sentido, segurança é vigilância, porque suas técnicas em constante evolução monitoram as mobilidades num mundo assombrado pelo risco.[6] As inseguranças são um corolário prático das sociedades securitizadas de hoje.

De modo que podemos dizer que as tecnologias da in/segurança não podem ser entendidas meramente como produtos das tecnologias de informação e comunicação, ou mesmo como resultado de nosso enredamento em estados de exceção (galvanizados, mas não iniciados pelo 11 de Setembro). Em vez disso, elas são parte de uma configuração social e política mais ampla, relacionada ao risco e a seu primo próximo, a incerteza. Assim, como abordamos isso politicamente? Na companhia de muitos outros que não sucumbiram ao cinismo sobre a possibilidade de podermos "fazer diferença", eu prefiro pensar que há estratégias para questionar e reagir a esses processos que transformam a in/segurança numa categoria tão fundamental para as oportunidades de vida. No entanto, se eu o entendi bem, poder e política estão se distanciando cada vez mais nesses tempos líquidos, de modo que o poder está se evaporando no "espaço dos fluxos" de Manuel Castells, enquanto a política definha no espaço dos lugares.[7]

Essa noção é persuasiva, mas, num certo sentido, paralisante, pois implica que só uma política global – ainda inexistente – poderia ter algum efeito real. Concordo com você em que buscar a comensurabilidade do poder e da política é um objetivo válido. Mas o que dizer das chances de uma política em que a democracia (e, portanto, a responsabilidade) e a liberdade (tão lamentavelmente circunscrita pela aliança entre segurança e vigilância) poderiam ser o foco do esforço em níveis mais locais?

ZB: Houellebecq – escritor que muito admiro pela perspicácia e pela estranha aptidão de enxergar o geral no particular, assim como de extrapolar e elucidar seu potencial interno, e que é autor de *A possibilidade de uma ilha*, primeira e até agora inigualada distopia da era líquida, desregulamentada, individualizada – talvez fosse aquele que você tinha em mente ao destacar os que "sucumbiram ao cinismo sobre a possibilidade de podermos fazer diferença". Ele é muito cético e desesperançado, e apresenta uma série de razões válidas para continuar assim. Não concordo plenamente com a postura dele, mas não acho fácil refutar seus motivos.

Os autores das maiores distopias de outrora, como Zamyatin, Orwell ou Aldous Huxley, descreveram suas visões dos horrores que assombram os habitantes do mundo sólido moderno: um mundo de produtores e soldados estritamente regulados e maníacos pela ordem. Colocados sob alerta vermelho, esperavam que essas perspectivas chocassem seus companheiros de viagem rumo ao desconhecido, sacudindo-os do torpor de ovelhas marchando com humildade para o abatedouro. Será esse o nosso

In/segurança e vigilância

destino, avisavam eles, a menos que vocês se revoltem. Zamyatin, Orwell, Huxley, tal como Houellebecq, eram filhos de seu tempo. Assim, *em contraste* com Houellebecq, apresentavam-se intencionalmente como alfaiates especializados em trajes sob medida; acreditavam em encomendar o futuro à ordem, desprezando como enorme incongruência a ideia de um futuro que se fizesse por si mesmo. Medidas erradas, modelos disformes e/ou malfeitos, alfaiates bêbados ou corruptos os assustavam; não tinham medo, contudo, de que as alfaiatarias pudessem falir, perder as encomendas ou sair de moda – e de fato não previram o advento de um mundo sem alfaiates.

Houellebecq, porém, escreve a partir das vísceras de um mundo exatamente assim, sem alfaiates. O futuro nesse mundo é *auto*produzido: um futuro do tipo "faça você mesmo", que nenhum viciado nessa modalidade consegue, deseja ou poderia controlar. Uma vez colocados em órbita própria, que jamais atravessa nenhuma outra, os contemporâneos de Houellebecq precisam tanto de despachantes e condutores quanto os planetas e as estrelas de projetistas de estradas e monitores de tráfego. São perfeitamente capazes, por si mesmos, de encontrar a estrada que leva ao abatedouro. E o fazem – como fizeram antes os dois principais protagonistas da história, esperando (em vão, infelizmente, em vão…) encontrar-se no caminho. O abatedouro na distopia de Houellebecq também é do tipo "faça você mesmo".

Numa entrevista concedida a Susannah Hunnewell,[8] Houellebecq não lança mão de rodeios – e, tal como fizeram seus antecessores, como fazemos nós e fizeram nossos ancestrais, transforma num projeto de sua escolha condições que não foram escolhidas por ele: "O que penso, fundamentalmente, é que não se pode fazer coisa alguma no que se refere a grandes mudanças sociais." Seguindo a mesma linha de pensamento, algumas frases depois, ele assinala que, mesmo lamentando o que hoje ocorre no mundo, não tem "interesse em fazer o relógio andar para trás, *porque* não acredito que isso possa ser feito" (grifo nosso). Se os antecessores de Houellebecq estavam preocupados com o que os agentes no posto de comando das "grandes mudanças sociais" poderiam fazer para reprimir a irritante aleatoriedade do comportamento individual, a preocupação dele é onde essa aleatoriedade vai levar, na ausência de postos de comando e de agentes dispostos a guarnecê-los tendo em mente uma "grande mudança social". Não é o *excesso* de controle e coerção (sua companheira leal e inseparável) que preocupa Houellebecq; sua *escassez* é que torna qualquer preocupação ineficaz e supérflua. Ele fala de uma aeronave sem piloto na cabine.

"Não acredito muito na influência da política sobre a história... Também não creio que a psicologia individual tenha qualquer efeito sobre movimentos sociais", conclui Houellebecq. Em outras palavras, a pergunta "O que deve ser feito?" é invalidada e esvaziada pela enfática resposta à pergunta "Quem vai fazê-lo?": "Ninguém." Os únicos agentes à vista são "fatores tecnológicos e algumas vezes, nem sempre, religiosos".

Mas a tecnologia é conhecida pela cegueira; ela reverte a sequência humana de ações dotadas de um propósito (a própria sequência que distingue o agente de todos os outros corpos em movimento), e se ela se move é porque pode fazer isso (ou porque não pode ficar parada), não porque deseja chegar; enquanto Deus, além da impenetrabilidade que deslumbra e cega aqueles que o veem, representa a insuficiência dos seres humanos e sua inadequação à tarefa (ou seja, a incapacidade humana de enfrentar as disputas e agir de modo eficaz de acordo com suas intenções). Os impotentes são guiados pelos cegos; sendo impotentes, não têm escolha. Não, pelo menos, se foram abandonados a seus próprios recursos, desagradável e abominavelmente inadequados; não sem um piloto de olhos bem abertos – um piloto que olhe *e* veja. Fatores "tecnológicos" e "religiosos" comportam-se de maneira tão misteriosa quanto a natureza: não se pode saber com certeza onde vão descer até que aterrissem em algum lugar; mas isso, como diria Houellebecq, só até que não seja mais possível o relógio andar para trás.

Houellebecq, que deve ser louvado tanto pela autoconsciência quanto pela franqueza, faz um registro da futilidade das esperanças, para o caso de que alguém teimoso e ingênuo o bastante continue a alimentá-las. Descrever as coisas, insiste ele, não leva mais a mudá-las, e prever o que vai acontecer não leva mais a evitar que aconteça. Finalmente atingiu-se um ponto sem retorno? Está confirmado o veredicto de Fukuyama sobre o fim da história, mesmo que seus fundamentos tenham sido refutados e ridicularizados?

Estou questionando o veredicto de Houellebecq ao mesmo tempo que concordo em quase tudo com o inventário que ele faz de seus fundamentos. Quase – já que inventário contém a verdade, apenas a verdade, mas não toda a verdade. Algo muitíssimo importante ficou fora de sua avaliação: como a debilidade dos políticos e da psicologia individual *não é o único* fator responsável pela triste perspectiva tal como ela se apresenta (corretamente!), o ponto a que fomos trazidos até agora *não é* um ponto sem retorno.

Mas decerto você está consciente da fonte provável tanto de minha aprovação quanto de minhas reservas, uma vez que aponta para o emergente divórcio entre o poder (a capacidade de fazer coisas) e a política (a capacidade de escolher as coisas a serem feitas).

A desesperança e o derrotismo de Houellebecq derivam de uma crise, de agência em duas fronteiras. Na camada superior, no plano do Estado-nação, a agência foi levada a uma situação perigosamente próxima da impotência, e isso porque o poder, antes preso num apertado abraço com a política do Estado, agora se evapora num "espaço de fluxos" global, extraterritorial, muito além do alcance da política de Estado territorial.

As instituições de Estado arcam, hoje, com a pesada tarefa de inventar e fornecer soluções locais para problemas produzidos no plano global; em função de uma carência de poder, trata-se de um peso que o Estado não pode carregar, e uma tarefa que é incapaz de realizar com as forças que lhe restam e dentro do reduzido domínio das opções que lhe são viáveis. A reação desesperada, embora generalizada, a essa antinomia é a tendência a abandonar uma a uma as numerosas funções que o Estado moderno deveria realizar, e de fato realizava, ainda que com sucesso apenas duvidoso – enquanto sustenta sua legitimidade na promessa de continuar a desempenhá-las.

As funções sucessivamente abandonadas ou perdidas são relegadas à camada inferior, à esfera da "política de vida", a área em que os indivíduos são nomeados para a função dúbia de se tornar suas próprias autoridades legislativas, executivas e judiciárias numa só. Agora espera-se dos "indivíduos por decreto" que imaginem e tentem pôr em prática, com seus próprios recursos e habilidades, soluções individuais para problemas gerados no nível social (esse é, em suma, o significado da "individualização" atual, um processo em que o aprofundamento da dependência é disfarçado e ganha o nome de progresso da autonomia). Como na camada superior, também na inferior as tarefas são confrontadas com dificuldade pelos recursos disponíveis para realizá-las. Daí os sentimentos de desespero, de impotência, a experiência do tipo plâncton de ter sido condenado a priori, irreparável e irreversivelmente à derrota num confronto muito desigual contra marés de uma intensidade irresistível.

Enquanto persistir, a lacuna crescente entre a grandiosidade das pressões e a debilidade das defesas tende a alimentar e estimular sentimentos de impotência. Esse hiato, contudo, *não* deve continuar. Só parece intransponível quando se extrapola o futuro como "mais do mesmo" em relação às tendências atuais – e a crença de que já se atingiu o ponto sem retorno acrescenta credibilidade a essa extrapolação sem necessariamente torná-la correta. Muitas vezes as distopias se transformam em profecias que refutam a si mesmas, como pelo menos sugere o destino das visões de Orwell e Zamyatin.

DL: Obrigado por ser tão sincero, Zygmunt. Fico impressionado pelo fato de isso nos levar de volta às nossas primeiras discussões (na década de 1980) sobre utópico e distópico. Cada gênero literário abre possibilidades de ver além do presente. Um deles induz a enxergar uma terra prometida que é plausível o bastante para valer a pena trabalhar por ela, mas que simultaneamente estende a imaginação para características da sociedade humana até então desconhecidas; o outro extrapola as tendências mais capazes de gerar ansiedade e mais socialmente destrutivas do momento para mostrar como logo seremos enclausurados, de modo permanente, num cenário patético e punitivo.

O crescimento da vigilância apoiada por computadores como uma dimensão de democracias *iliberais* obcecadas com segurança certamente incentivou recentes imaginações distópicas – e por vezes desesperadas. Isso pode ser visto em variados graus em filmes como *Brazil* (1985), *Blade Runner* (*O caçador de androides*, 1992), *Gattaca* (1997) e *Minority Report* (2002), assim como na convincente sugestão de Daniel Solove, um estudioso do direito, de que Kafka oferece metáforas mais adequadas que Orwell a respeito da vigilância atual.[9]

Por outro lado, a cautela em relação a futuros supervisionados não parece ter interrompido o fluxo de futurismo (hesito em dignificá-lo com o termo "utopismo") e de sonho digital. A noção de ciberespaço decerto capta o que Vincent Mosco chama de um "espaço mítico" que transcende os mundos comuns do tempo, do espaço e da política; ele o chama de "sublime digital".[10]

Desde a invenção, em 1978, do chip de silício, utópicos tecnológicos têm tagarelado sobre "revoluções microeletrônicas" e "sociedades da informação", e empresários da era da informática como Steve Jobs atingiram o status de celebridades. Muitos especialistas ainda parecem acreditar que o melhor dos mundos possíveis é digital; isso vale para democracia, organização, entretenimento e, evidentemente, ações militares e de segurança. Entre estes, claro, a vigilância se destaca. Como diz o major americano S.F. Murray, por exemplo, o domínio da batalha contemporânea começa com "a capacidade de a pessoa ver, visualizar, observar ou encontrar".[11]

No entanto, em sua obra encontramos uma intensidade completamente diferente do que ainda se poderia chamar de pensamento utópico, que, penso eu, expõe imediatamente a superficialidade dos sonhos digitais. Confirmei o que me lembrava de seu livro intitulado *Socialism: The Active Utopia*, onde você observa que as pessoas escalam sucessivas colinas só para descobrir, lá do alto, territórios virgens que seu espírito de transcendência nunca saciado os estimula a explorar. Depois de cada colina eles esperam encontrar a quietude final. O que encontram é a agitação do começo. Hoje, tal como 2 mil anos atrás, "a esperança que se vê não é esperança. Porque, quem fica esperando por algo que vê?" (Epístola de Paulo aos Romanos 8:24).[12]

Estou decididamente com você no que se refere ao "espírito de transcendência nunca saciado", mas também imagino se o "começo" e o "fim" de que você fala – ou talvez de que fala Paulo – podem ter mais em comum do que admitimos. Que a quietude inscrita no original possa ser alcançada no futuro.

Aonde quer que leve esse pensamento, presumo, a partir do que você diz, que as musas utópica e distópica ainda deem espaço a críticos imaginativos, incluindo os que lançam seus olhares sobre a informação e a vigilância. Recordo-me da interpretação que Keith Tester faz de sua postura quando ele diz que seu "utopismo significa a práxis da possibilidade que busca abrir criticamente o mundo contra a ossificação da realidade pelo senso comum, pela alienação e pelo poder irracional".[13] O que considero animador em seu trabalho é que você mostra "que o mundo não tem de ser da forma como é, e que existe uma alternativa ao que agora parece tão natural, tão óbvio, tão inevitável".[14] No Fórum Social Mundial em Mumbai, alguns anos atrás, fiquei chocado com milhares de pessoas de muitos países diferentes que também haviam sido inspiradas pelo slogan "Outros mundos são possíveis".

Com respeito à vigilância em seu disfarce de serviçal da segurança, isso de fato oferece um insight. Os olhos eletrônicos sempre abertos nas ruas, a coleta de dados abrangente, os fluxos de informações pessoais com sua pressão cada vez mais alta são vistos como reações racionais aos riscos da vida. Precisamos desesperadamente de vozes que perguntem: "Por quê?" "Para quê?" "Você tem alguma ideia das consequências disso tudo?" Eu fico atento, esperando ouvir alguém dizer: "Haveria outras maneiras de conceber o que há de errado com o mundo, e como seus males poderiam ser abordados?"

ZB: Se me permite, gostaria de cometer a ousadia de dar apenas um passo adiante – mas um passo importante, na minha visão, o derradeiro passo que pode muito bem nos levar à fonte mais profunda, inexaurível e perpetuamente revolta de nossa inquietação, da qual o desejo de cada vez mais vigilância é somente uma manifestação, embora uma das mais espetaculares e estimulantes do pensamento. O cerne da ânsia humana, demasiadamente humana, por transcendência é o impulso no sentido do conforto e da conveniência; de um hábitat que não tenda a causar problemas nem preocupações, que seja totalmente transparente, sem guardar surpresas e mistérios, sem jamais nos pegar desprevenidos ou despreparados; um mundo sem contingências nem acidentes, "consequências imprevistas" ou reversos da fortuna.

Essa derradeira paz do corpo e da mente, suspeito eu, é a essência da ideia popular e intuitiva de "ordem"; ela está à espreita sob toda e qualquer variedade de urgência em construir e manter a ordem, desde uma dona (ou dono) de casa ocupada em deixar as coisas do banheiro no banheiro e as da cozinha na cozinha, as do quarto no quarto e as da sala na sala, até os porteiros, os recepcionistas e seguranças encarregados de separar os que têm o direito de entrar daqueles destinados a permanecer em outros lugares e, no geral, lutando para criar um espaço em que nada se mova, a menos que seja o movido. Como tenho certeza de que o lugar que mais se aproxima dessa visão do fim das ansiedades em relação à contingência é o túmulo – a mais plena e abrangente encarnação da intuição da "ordem".

Freud diria que a inquietação que manifestamos ao instalarmos mais e mais trancas e câmeras de TV em portas e passagens é guiada por Tanatos, o instinto de morte! Paradoxalmente, estamos inquietos por causa de nosso insaciável desejo de sossego, que nunca será plenamente aplacado enquanto estivermos vivos. Esse desejo inspirado e instilado por Tanatos, afinal, só pode ser satisfeito na morte. A ironia, contudo, é que essa visão de uma "ordem final" formatada como um túmulo é precisamente o que nos torna compulsivos, obsessivos e viciados "construtores da ordem", e desse modo nos mantém vivos, sempre ansiosos e instigados a transcender hoje aquilo que conseguimos atingir ontem. É a sede de ordem, insatisfeita e insaciável, que nos faz vivenciar toda realidade como desordenada e carente de reforma. Creio que a vigilância é uma das pouquíssimas indústrias em que jamais ninguém precisará ter medo de ficar sem energia e de perder o emprego.

DL: Evidentemente, podemos dirigir nossa conversa para questões de transcendência; para uma investigação sobre as raízes do desejo de paz para o corpo e para a mente; e mesmo para indagar se o apetite de vigilância, aparentemente insaciável, brota ou não do instinto de morte. Tais questões decerto nos levam muito além do complexo segurança-vigilância industrial, embora também nos forneçam potenciais indícios do motivo pelo qual esse empreendimento floresce enquanto outros definham.

Por mim, não tenho razão para deixar de concordar com você que as visões de uma "ordem final" podem muito bem estar semiocultas por trás das obsessões contemporâneas com segurança; ou que os desejos de "sossego" se relacionam de forma destacada com nossa inquietação humana – embora, confesso, tenha menos certeza de que tais visões sejam "formatadas como um túmulo". (Isso apesar do fato de que a paisagem que víamos de casa, um parque que antes foi um cemitério, ter sido dividida claramente, em 1816, em três seções, "escocesa, irlandesa e inglesa", correspondendo a quem oficiaria os funerais, se presbiterianos, católicos ou anglicanos. Havia também uma seção destinada aos pobres demais para descansar em uma das outras. A sociologia histórica dos campos fúnebres é esclarecedora.)

Mas talvez você me permita comentar sobre como eu abordaria a questão da segurança e da vigilância nesse quadro amplo (quem sabe deixando o problema do quadro em si para outra conversa). Embora o 11 de Setembro não tenha por si mesmo produzido essa obsessão por segurança, ele fez muito para promover a explosão da segurança-vigilância que produziu um grande reforço nos lucros das indústrias correlatas e conseguiu reproduzir regimes de vigilância cotidiana intensificada em áreas urbanas por todo o norte global, especialmente nos Estados Unidos.

Eis um exemplo particular do "sublime", como já mencionei. As declarações do Homeland Security* são hinos à "transcendência pela tecnologia", sobre a qual David Noble e Vincent Mosco escrevem com tanta eloquência.[15] Essa grande fé é investida de tal maneira em cada nova tecnologia que, de modo relevante, questioná-las pode ser encarado como sacrilégio ou blasfêmia.

Provavelmente seria preciso voltar ao Renascimento para encontrar as raízes imediatas da ideia de que paz e prosperidade podem ser produzidas por meio da ciência e da tecnologia, convicção afirmada por grande parte do pensamento iluminista.[16] Enquanto o Renascimento foi, em parte, uma compreensível reação ao autoritarismo da Igreja na Europa medieval, a noção de planejar a concretização do reinado da paz e da prosperidade pelo mecanismo da invenção significou a reversão da crença de que – como você mesmo citou –, se você deseja a paz, busque a justiça. Na Torá judaica, fazer justiça e amar o próximo é o caminho da paz (ou shalom, significando a totalidade, a integridade e as relações corretas de todos os tipos entre Deus, a Criação e os seres humanos). O equivalente cristão seria: "Primeiro busque o reino de Deus, e todas as outras coisas virão", de Jesus.

De modo que vejo esse compromisso com a eficácia da técnica e da invenção – a ciência e a tecnologia de hoje – como forma de obter a paz em termos de uma falsa busca de garantia de segurança impossível de atingir. A crença de que tecnologias de segurança maiores, mais rápidas e mais conectadas possam de alguma forma garantir a paz é evidentemente equivocada e fecha as outras opções. Em resposta à crescente vigilância pós-11 de Setembro, eu comentei:

---

* Department of Homeland Security: repartição cuja responsabilidade é proteger o território norte-americano contra ataques terroristas e agir em caso de desastres naturais. (N.T.)

Jacques Ellul uma vez observou, refletindo sobre o destino de cidades antigas como Babilônia e Nínive, que essas culturas também eram fechadas, "protegidas de ataques externos numa segurança constituída de muros e máquinas". Haverá algo de novo sob o sol? No entanto, contra esta, insiste Ellul, ergue-se a visão de uma cidade onde fazer justiça e amar o próximo vêm primeiro. Desse compromisso com a responsabilidade pelo Outro vêm a paz e a prosperidade, a liberdade e a segurança, que de outro modo se tenta atingir com falsas prioridades. É uma cidade cujos portões nunca se fecham. Um lugar de inclusão e confiança. E sua luz finalmente expulsa tudo aquilo que agora se faz na escuridão.[17]

Esses comentários seguiam-se a uma análise dos desenvolvimentos na área de segurança pós-11 de Setembro que realçava sua tendência a reforçar a exclusão (o ban-óptico), a fomentar o medo e a encobrir as tomadas de decisão sob o véu do sigilo.

· 5 ·

Consumismo, novas mídias
e classificação social

DAVID LYON: Um tema central de sua obra, Zygmunt, tem sido a exposição das formas pelas quais o consumismo se tornou tão fundamental na produção não só de divisões sociais, mas também de identidades. Fui daqueles que aplaudiram quando se publicou *Work, Consumerism and the New Poor*, em 1998. Mas o paradoxo aqui, tal como o vejo, é que, embora o consumo exija a prazerosa sedução dos consumidores, essa sedução é também resultado de vigilância sistemática numa enorme escala. Se isso não ficou óbvio com as formas anteriores de marketing de base de dados, o advento da Amazon, do Facebook e do Google indica o atual estado da arte. Thomas Mathiesen, no prefácio a um livro recente intitulado *Internet and Surveillance*, aponta como isso também é ocultado: "Por sob a superfície, há uma enorme hinterlândia de práticas de vigilância ocultas baseadas no uso da internet. ... A ampla trilha de sinais eletrônicos que deixamos ao realizar nossas tarefas cotidianas, em bancos, lojas, centros comerciais e todos os outros lugares, todos os dias do ano."[1]

Quando passamos da consideração de assuntos urgentes relativos a segurança e vigilância para a questão do consumo, parece que respiramos com mais liberdade. Afinal, esse é o domínio da diversão, do *flâneur*, da liberdade. Pense outra vez! Aqui encontramos uma detalhada operação gerencial, baseada uma vez mais na coleta de dados pessoais em grande escala, com o objetivo de concatenar, classificar e tratar de formas diversas diferentes categorias de consumidores a partir de seus perfis. Considere a bênção que é para muitos que a Amazon.com, com suas técnicas de "filtragem colaborativa", nos diga que livros os outros compram semelhantes ao que pretendemos adquirir. Cada transação gera informações sobre ela mesma, e depois são usadas a fim de orientar outras escolhas dos consumidores. Alguns anos atrás, juntei suas ideias sobre o cortejo dos consumidores com as de Gary T. Marx sobre a classificação pela polícia de prováveis suspeitos ("suspeição categórica") para criar o conceito híbrido de "sedução categórica".[2] Acho que ele ainda funciona.

A Amazon.com, no entanto, também se dispõe a tornar os consumidores conscientes do modo como são vigiados pelos outros recorrendo à ferramenta "Lista de desejos".[3] Este não é um processo totalmente oculto! Assim, longe de ser secreta, essa ferramenta, a princípio, pode ser verificada por qualquer um. A "Lista de desejos" também nos relembra como as pessoas *gostam* de ser observadas, e aqui funciona uma espécie de escopofilia dos consumidores.[4] Como aponta dana boyd, o voyeur se junta ao *flâneur* por cortesia da mídia social.[5] Mas não é só isso. A "Lista de desejos" dá aos consumidores a oportunidade de se gerenciar, de mostrar aos outros determinada face. Ao que tudo indica, a Amazon.com consegue gerenciar seus clientes por meio de relacionamento contínuo e também oferecendo a oportunidade de se deliciar com um pouco de gerenciamento de impressões.*

No fim das contas, porém, a Amazon.com obtém os dados de que necessita, deixando seus clientes habitarem com alegria o que Eli Pariser, de maneira eloquente, chama de "bolha de filtro".[6] Sabe-se razoavelmente bem que pessoas diferentes que consultam a mesma palavra no Google obtêm resultados diferentes. Isso porque o Google refina seus resultados de busca segundo as pesquisas anteriores. Da mesma forma, os que têm muitos amigos no Facebook só

---

* Processo consciente ou inconsciente pelo qual pessoas tentam influenciar a percepção de outras sobre uma pessoa, objeto ou evento, por meio da regulação e do controle de informações na interação social. (N.T.)

vão receber atualizações daqueles sobre os quais o próprio Facebook julga que se quer ter notícias, com base na frequência das interações com essas pessoas. Evidentemente, a Amazon.com também se ajusta a esse modelo. A preocupação paralela, e justificável, de Pariser é que "os filtros de personalização servem a um tipo invisível de auto-propaganda, doutrinando-nos com nossas próprias ideias, ampliando nosso desejo por coisas que nos são familiares e deixando-nos cegos aos perigos à espreita no território sombrio do desconhecido".

O cenário mais amplo, porém, é este: os efeitos gerais da vigilância do consumidor, em especial por todos os tipos de utilização da internet, não se resumem a selecionar positivamente os consumidores satisfeitos e prometer-lhes futuros benefícios e recompensas, mas incluem selecionar negativamente os que não se conformam às expectativas. Já mencionei o trabalho de Oscar Gandy sobre esse tema, mostrando como, em diversas áreas, a "discriminação racional" realizada por grandes empresas tem efeitos negativos sobre algumas pessoas. Como afirma Gandy:

A discriminação estatística possibilitada por sofisticados dispositivos de análise contribui para a desvantagem cumulativa que oprime, isola, exclui e, em última análise, amplia os fossos hoje existentes entre os que estão no topo e quase todos os demais. Embora os observadores tendam a se concentrar no uso desses sistemas em apoio à publicidade orientada on-line, seu alcance é muito mais amplo. Ele cobre o acesso a uma gama de produtos e serviços, incluindo os mercados financeiro e imobiliário, assim como atendimento de saúde, educação e serviços sociais.[7]

Todos esses são temas que ilustram a "vigilância líquida", agora no "modo consumidor", e tenho certeza de que você gostaria de comentar mais de um deles! Mas será que poderíamos começar a rolar a bola com uma pergunta originada de seu próprio trabalho? Parece-me que sua preocupação com os efeitos da vigilância do ponto de vista da exclusão – com a qual calorosamente concordo – por vezes o leva a minimizar as maneiras pelas quais os mesmos mecanismos da vigilância líquida exercem pressão sobre *todos* os consumidores. Quando se acredita que a análise social deveria ter um particular interesse pelos marginalizados e excluídos, é fundamental compreender os mecanismos que possibilitam a marginalização e a exclusão. Contudo, o mesmo poder de vigilância produz uma variedade de comportamentos, afetando diferentes grupos de forma diversa. Então, ao menos em parte, seria por meio da normalização da maioria, nesse caso pela sedução categórica, que a minoria se torna sujeita à desvantagem cumulativa?

ZYGMUNT BAUMAN: Algumas décadas atrás, a grande revolução (ou o grande salto adiante, tal como registrado nos anais da arte do marketing) no progresso da sociedade consumista foi a passagem da satisfação de necessidades (ou seja, da produção voltada para a demanda existente) para sua criação (ou seja, demanda voltada para a produção existente), por meio de tentação, sedução e estímulo do desejo assim despertado. Essa mudança estratégica produziu um enorme avanço em termos de resultados, juntamente, contudo, com um aumento considerável em matéria de custos: "criar demanda" (leia-se: despertar e sustentar o desejo de obter e possuir) exige um dispêndio continuamente elevado. Os custos, em princípio, não são redutíveis: cada novo produto atirado no mercado exige que o desejo seja invocado praticamente do zero, já que os desejos são sempre orientados e específicos, e portanto intransferíveis.

Atualmente estamos atravessando o terceiro segmento da tríade hegeliana. Dada a propensão, em geral bem-consolidada, de buscar satisfação nas mercadorias em oferta, e a disposição universal a identificar "novo" e "aperfeiçoado" – assim como a sofisticação da tecnologia de manutenção de registros, que permite que essa disposição seja localizada quando estiver mais "madura" para reagir prontamente à incitação –, outra mudança seminal pode ser alcançada: a de dirigir ofertas a pessoas ou categorias de pessoas já prontas para aceitá-las com entusiasmo. A parte mais cara da estratégia de marketing anterior – despertar desejos – foi portanto eliminada do orçamento de marketing e transferida para os ombros dos potenciais consumidores. Tal como no caso da vigilância, o marketing de produtos torna-se cada vez mais uma tarefa do tipo "faça você mesmo", e a servidão dela resultante, cada vez mais voluntária.

Sempre que entro no site da Amazon, sou agora recebido por uma série de títulos "selecionados especialmente para você, Zygmunt". Dado o registro de minhas compras de livros anteriores, é alta a probabilidade de que eu fique tentado. E em geral o sou! Obviamente, graças à minha cooperação diligente, ainda que involuntária, os servidores da Amazon agora conhecem meus hobbies ou preferências melhor do que eu. Não vejo mais suas sugestões como algo comercial; encaro-as como uma ajuda amigável, que facilita meu avanço pela selva do mercado editorial. E fico grato. E a cada nova compra, eu pago para que atualizem minhas preferências em sua base de dados e orientem minhas futuras compras com precisão.

Visar aos nichos do mercado prontos para uso, forma de procedimento que não exige investimentos preliminares em matéria de meios, mas promete resultados instantâneos, é uma área excepcionalmente adequada ao emprego da tecnologia de vigilância – como que feita à sua medida; é nessa nova linha de frente que se tem registrado o mais rápido e notável progresso em tecnologia de vigilância, e onde se pode esperar um crescimento ainda mais rápido e notável num futuro previsível. O exemplo da Amazon, que você tão apropriadamente discutiu, é de fato promissor; ele abre, permita-me repetir, o último segmento da tríade hegeliana em sua aplicação à história do marketing.

Outras empresas têm seguido o exemplo da Amazon, e muitas se preparam para isso. As ferramentas da vigilância de marketing ficaram mais afiadas e ajustadas em seu processo de difusão. No marketing praticado no Facebook, por exemplo, não há referências potencialmente desconcertantes às predileções pessoais de quem recebe a oferta; em vez disso, as referências são inofensivas, "socialmente corretas", para os defensores das liberdades pessoais – referências a gostos e preferências, assim como a aquisições favoritas dos amigos da pessoa. Com efeito, um empreendimento intencional e descaradamente restritivo, no estilo pan-óptico, é disfarçado como exemplo de operação sinóptica hospitaleira e socialmente amigável, sob a bandeira da solidariedade.

Toda essa atividade só se aplica, claro, aos consumidores preparados e amadurecidos. Sua aplicação a consumidores falhos ou indolentes, os "suspeitos de sempre", que os ban-ópticos devem identificar, localizar e excluir, seria puro desperdício de recursos. Na área da vigilância consumista, aplicações pan-ópticas e sinópticas são postas a operar logo que se conclui o trabalho de limpeza do terreno a cargo dos ban-ópticos.

DL: Sim, exatamente. E essa é outra razão pela qual acho que seu teorema da "modernidade líquida" se ajusta tão bem ao estudo da vigilância. Onde reina o consumismo, a chamada mídia social só é limitadamente *social*;[8] como você diz, ela poderia ser lida como um sinóptico sob a bandeira sedutoramente disposta da solidariedade. Os consumidores líquidos modernos, instigados por dispositivos eletrônicos, tendem a se voltar para si mesmos como indivíduos em busca do prazer. Uma vez ouvi um estudante de graduação queixar-se (numa curiosa justaposição de discursos) de que "temos o direito de nos divertir". As bolhas de filtragem oferecidas pela mídia social, mas infladas por nós quando nelas sopramos nossas preferências e predileções a cada clique do mouse, simplesmente reproduzem essa "introversão" consumista, líquida moderna, que é ao mesmo tempo e paradoxalmente uma forma de extroversão, um desejo de publicidade.

Em minha visão, isso está relacionado a um processo de longo prazo nas culturas ocidentais, em que a escopofilia (ou o amor de ser visto) se funde à crescente ubiquidade das práticas de vigilância, com vários efeitos destacados. Um deles diz respeito ao óbvio envolvimento voluntário dos consumidores em sua própria vigilância. Como dizíamos, com o exemplo da Amazon, podemos entender plenamente a partir de dentro, por assim dizer, a atração desse processo. Mas suspeito fortemente de que esse fenômeno, que poderia ser lido também, embora de maneira mais crítica, como falta de cuidado para com as informações pessoais, pode nos aquietar, tornando-nos mais complacentes em relação às viagens de nossas personas digitais. Em vez de perguntarmos por que a pessoa atrás do balcão nos pede número de telefone, identidade e código postal, ou questionarmos a exigência, pela máquina, de novos dados para que a transação se complete, presumimos que deve haver alguma razão que nos beneficiará. Por exemplo, quando se trata do uso, agora generalizado, de "cartões de fidelidade" de cadeias de lojas, linhas aéreas etc., um recente estudo internacional mostra que as pessoas "não conhecem ou não se importam" com as conexões entre esses cartões e a elaboração de perfis.[9]

Além disso, contudo, as bolhas de filtragem que cada vez mais tentam transformar nossa categoria de mercado no nicho de um único consumidor também contribuem para a ignorância sobre outros que podem ter sido filtrados negativamente pela mesma triagem. Se as pessoas "não conhecem ou não se importam" com a elaboração on-line de perfis de consumidores, não é preciso ter muita imaginação para inferir que têm menos conhecimento ainda sobre o ban-óptico do consumidor, com seu "demarketing" de consumidores falhos. Para não mencionar os outros ban-ópticos à espreita no espaço urbano, como os que privam as populações proscritas de serviços essenciais com base em seus perfis pessoais, ou os que valorizam alguns distritos da cidade enquanto demonizam outros.

Isso nos leva de volta a uma conversa anterior. Como mostra Stephen Graham, determinadas cidades americanas, assim como outras em lugares distantes, como o Afeganistão e outras partes do mundo, tornaram-se "espaços de batalha" e, portanto, alvos, também com base em perfis populacionais.[10] Nisso os militares e o mercado atuam em conjunto, no que James Der Derian chama de "complexo industrial militar com mídia e entretenimento".[11]

De todas essas e de outras formas, então, parece que os mundos da vigilância ao consumidor, centrados no conforto, evidenciam curiosas conexões com as faces mais conhecidas da vigilância. Apoiam-se e se fortalecem mutuamente.[12]

ZB: A tecnologia é de fato transferível – e é avidamente transferida, nesse caso, da mesma forma que numa multiplicidade de outros. Não seria fácil decidir qual setor do novo "complexo" (ampliado e, presumivelmente, ainda mais formidável) detém o pioneirismo; até um momento relativamente recente – durante a Guerra Fria e as subsequentes aventuras militares da nação que aspirava à posição de império mundial, no que acabou fracassando –, a opinião mais comum era de que os militares estavam na liderança. Porém, parece que a prolongada centralidade da segurança pública nas políticas declaradas de Estado é agora mais sustentada pela "realidade dos fatos" – dos fatos que abandonam o centro de gravidade na direção do setor comercial do "complexo" (incluindo "mídia e entretenimento").

Decerto você sabe mais do que eu sobre o atual estado de coisas nessa área, mas eu sugeriria que os departamentos de Pesquisa e Desenvolvimento (P&D) das grandes empresas comerciais estão passando por um processo no sentido de assumir a liderança do atual desenvolvimento de engenhocas e estratégias de vigilância, antes pertencente aos laboratórios militares ultrassecretos. Não disponho das estatísticas – conto aqui com o fato de você estar em melhor posição, tendo estudado o assunto com muito mais profundidade do que eu. Mas sugiro que, hoje, não apenas o capital verdadeiramente grande tende a ficar à deriva; em tempos de depressão econômica, esses departamentos de P&D estão entre as pouquíssimas áreas ainda "livres de cortes" e imunes a reduções de efetivos no corpo de outro modo truncado ou gravemente desbastado do capital de risco.

Quanto à cooperação silenciosa ou vociferante, consciente ou inconsciente, por ação ou omissão, porém indubitavelmente maciça, dos vigiados no negócio da vigilância voltada para elaborar seus "perfis", eu não a atribuiria (ao menos primariamente) ao "*amor* de ser visto". Numa frase famosa, Hegel definiu a liberdade como uma necessidade aprendida e reconhecida. A paixão por se fazer registrar é um exemplo importante, talvez o mais gritante, dessa regra hegeliana em nossos tempos, nos quais a versão atualizada e ajustada do *cogito* de Descartes seria "sou visto (observado, notado, registrado), logo existo".

A chegada da internet pôs ao alcance de cada fulano, beltrano e sicrano um feito que antes exigia as incursões noturnas de uns poucos grafiteiros treinados e aventureiros: transformar o invisível em visível, tornando gritante e dissonantemente presente o negligenciado, ignorado e abandonado – em suma, tornando tangível e irrefutável o ser e o estar no mundo. Ou, relembrando o diagnóstico feito doze anos atrás por Dick Hebdige, do Birmingham Centre for Contemporary Cultural Studies, a internet veio para substituir o trabalho de erguer-se e sair da invisibilidade e do esquecimento, e assim reivindicar um lugar num mundo reconhecidamente estranho e inóspito, quebrando garrafas ou gargalos.

Visto contra esse cenário, afirmar seu estar no mundo com o auxílio do Facebook traz uma vantagem sobre desenhar grafites, não exigindo habilidades difíceis de adquirir e sendo "livre de riscos" (sem a polícia fuçando seu cangote), legal, amplamente reconhecido, validado e respeitado. O impulso é muito semelhante. O meio de canalizá-lo é que se aperfeiçoa e se torna mais disponível e fácil de manejar. Render-se à necessidade transforma-a em divertimento?

O impulso em questão, ainda tão poderoso e irresistível, se é que não mais, quanto na era pré-internet, vem do senso generalizado de ter sido abandonado e negligenciado, forçado à invisibilidade em meio a um bazar de imagens coloridas e sedutoras; ele gera sentimentos que, para usar uma recente sugestão do *Le Monde*, "oscilam entre a raiva entorpecida e o desespero ressentido". Creio que, em última instância, esse impulso e esses sentimentos é que têm a maior responsabilidade pelo enorme, atordoante sucesso da atividade de "elaborar perfis pelo método do 'faça você mesmo'".

· 6 ·

Investigando eticamente a vigilância

David Lyon: Até agora, cada tema de nossa conversa suscita questões não somente sobre a análise adequada da vigilância. Ela seria líquida? Que diferença isso faz? Mas também sobre os insistentes desafios éticos que acompanham essa análise, ou melhor, que estão nela embutidos, que lhe dão forma. Um dos mais conhecidos formuladores de denúncias sobre a vigilância atual no campo acadêmico, Gary Marx, advertia ainda em 1998 que a ética era necessária para a "nova vigilância".[1] Como é uma das poucas peças "éticas" nesse campo, ela tende a ser citada porque pelo menos o autor tenta avançar um pouco nessa área. Argumenta ele que a mudança tecnológica ocorre tão depressa e com consequências tão profundas no campo da segurança que formas de regulação mais antigas precisam urgentemente ser atualizadas.

Em outras palavras, o louvável trabalho de Gary Marx oferece um guia para a intervenção jurídica e regulatória quanto à difusão da vigilância. Ele dá prioridade à dignidade das pessoas e enfatiza a prevenção de prejuízos, quer as pessoas estejam ou não conscientes de que são objeto de vigilância, e outros princípios gerais adequados para se traduzir em regras. Como eu digo, os estudos de Gary Marx sobre vigilância foram definitivos para esse campo em desenvolvimento. Ele foi um dos primeiros, por exemplo, a insistir que o que chamava de suspeito *categórico* tinha de ser considerado juntamente com tipos individuais, mais convencionais, quando o software e as estatísticas ajudam a determinar quem é de interesse para a polícia.[2]

Embora os princípios éticos de Gary Marx sejam de caráter geral, eles de fato têm a virtude de corresponder a situações específicas, na esperança de que práticas alternativas possam ser forjadas. Por mim, contudo, tenho o sentimento incômodo de que há questões éticas que também devemos confrontar num plano bem diferente. Sem querer que a discussão levite num domínio desconectado dos "prejuízos" e danos vinculados às novas técnicas de vigilância – das quais já tivemos algo a dizer em nossa conversa –, parece-me que alguns temas éticos fundamentais nos confrontam porque a vigilância eletronicamente mediada envolve nossas vidas no cotidiano.

Podemos voltar atrás por um instante? Está claro que alguns dos sonhos iniciais da "cibernética" (da década de 1950) vieram alojar-se no "ciberespaço" e em sua sócia, a vigilância. Os tipos de controle por laços de feedback que se buscava desenvolver para fins de manufatura industrial e que migraram para a administração-geral antes de se generalizar como estratégia básica da prática organizacional no século XX são fundamentais para o que tenho em mente. Não é à toa que autores tão distantes quanto Gilles Deleuze e David Garland viram a vigilância se desenvolver muito depressa em relação, respectivamente, ao "controle de sociedades" e ao "controle de culturas".[3] E embora o controle hoje tenha se tornado amplamente líquido, em oposição a operar nos espaços e recintos fixos do pan-óptico, o velho tema amado por Bentham ainda é visível (ou talvez se torne visível pela ação de pessoas corajosas o bastante para revelá-lo e expô-lo).

Parte da história aqui é, como Katherine Hayles pungentemente aponta, o modo como a informação perdeu seu corpo.[4] A cibernética que germinou na década de 1950 não estava desconectada da emergente definição de informação que, para resumir, concebia esta última como algo quantificável e comodificável. Nos anos do pós-guerra, teóricos da comunicação engajaram-se numa série de encontros "de cúpula" de caráter transatlântico, conhecidos como Conferências Macy, para debater como a informação seria concebida nesse campo em rápida expansão. O participante britânico nesses encontros decisivos, o neurocientista Donald MacKay, da Universidade Keele, sustentou inutilmente que a informação, para ser considerada como tal, precisava ter uma associação demonstrável com o significado. Mas a chamada Escola Americana – Claude Shannon em particular – foi vitoriosa, e a palavra "informação" seria cada vez mais utilizada em teoria da comunicação como uma entidade isolada de suas origens humanas e significativas.

Amarremos isso às realidades da vigilância em nossos dias. Cada vez mais os corpos são "informatizados", palavra feia, mas adequada. Em numerosas situações de vigilância, corpos são reduzidos a dados, mais obviamente, talvez, pelo uso da biometria em fronteiras. Porém, nesse caso paradigmático, o objetivo em questão é verificar a identidade do corpo, de fato, da pessoa, para permitir que cruze a fronteira (ou não). Só podemos concluir que a informação *sobre* esse corpo está sendo tratada como se fosse conclusiva na determinação da *identidade* da pessoa. Se a distinção for mantida, então a pessoa pode se preocupar se a impressão digital ou o escaneamento da íris a registra adequadamente ou não no sistema, ignorando o que Irma van der Ploeg chama de "integridade corporal".[5] Em forma condensada, essa é a história de como a informação desincorporada termina afetando de modo crítico as chances de vida de gente de carne e osso, como migrantes, pessoas em busca de asilo, e assim por diante.[6]

Ora, penso que isso dá outra volta orientada para a vigilância naquilo que você fala sobre adiaforização, as ações isentas de avaliação ética por meios técnicos. A mediação eletrônica permite um distanciamento maior entre ator e resultado do que se poderia imaginar na burocracia pré-digital. Mas também se baseia numa noção de "informação" limitada e escassamente reconhecível, que se declarou liberta da pessoa. Como julgo que a adiaforização é essencial aqui, esse parece um bom lugar para começar. Antes de fazê-lo, contudo, também gostaria que abordássemos esses temas de uma perspectiva, por assim dizer, oposta: da perspectiva de uma ética da proteção. Podemos começar testando a vigilância adiaforicamente?

Zygmunt Bauman: Mais uma vez você acertou na mosca, David. Sua intuição quanto às interfaces da vigilância e da moral, além daquelas assinaladas por Gary Marx, incluindo uma interface ainda mais seminal e que exige uma atenção mais inquisitiva, é tão correta quanto oportuna. Para começar, nunca ocorreria a Bentham que tentação e sedução fossem as chaves da eficiência do pan-óptico em produzir um comportamento desejável. Não havia cenoura, apenas uma vareta na caixa de ferramentas do pan-óptico. A vigilância ao estilo pan-óptico presume que o caminho para a submissão a uma oferta passa pela eliminação da escolha. Nossa vigilância empregada pelo mercado presume que a manipulação da escolha (pela sedução, não pela coerção) é o caminho mais seguro para esgotar as ofertas por meio da demanda. A cooperação não apenas voluntária, mas entusiástica, dos manipulados é o principal recurso empregado pelos sinópticos dos mercados de consumo.

Essa seria, porém, uma observação lateral, talvez conveniente, se desejássemos estabelecer o cenário para sua pergunta principal. Decompor, fatiar, pulverizar totalidades em agregados de características capazes de se recompor (mas, em princípio, reordenadas e arranjadas numa "totalidade" diferente) não é invenção da polícia ou dos agentes de fronteira. Tampouco é uma idiossincrasia de poderes totalitários ou, de modo mais geral, de regimes obcecados com o poder. Particularmente vista em retrospecto, parece um atributo geral da forma de vida moderna (conhecida por sua obsessão por diferenciação, classificação e arquivos), agora amplamente reempregado para uma estratégia em tudo alterada no curso da transição para a sociedade líquida moderna de consumidores. Reempregada em nome da inclusão da "livre escolha" na estratégia de marketing, ou, mais precisamente, de tornar voluntária a servidão e fazer com que a submissão seja vivenciada como um avanço da liberdade e um testemunho da autonomia de quem escolhe (já descrevi esse processo em outro texto, chamando-o de "fetichismo da subjetividade").[7]

Um exemplo um tanto extremo, e talvez desconcertantemente ruidoso, mas bastante característico, é fornecido pelo hábito universal das agências de namoro de arranjar os potenciais objetos de desejo segundo as preferências apresentadas pelos potenciais clientes – como cor da pele ou do cabelo, peso, tamanho dos seios, interesses declarados, passatempos favoritos etc. O pressuposto tácito é de que os seres humanos que procuram a ajuda da agência na busca de companheiros humanos precisam e podem constituí-los a partir de sua seleção de características. No curso dessa "decomposição em nome da recomposição", algo vital desaparece da vista e da mente, e, para todos os fins e propósitos práticos, está perdido: a "pessoa humana", "o Outro" da moralidade, o sujeito por seu próprio direito e o objeto de minha responsabilidade.

Você está certo em se preocupar com isso, David. Quando outro ser humano é tratado como uma mercadoria selecionada segundo cor, tamanho e números, a adiaforização está em pleno curso e é mais devastadora. Um conjunto de características, sejam elas animadas ou inanimadas, dificilmente poderia ser um objeto moral cujo tratamento se sujeite a um juízo moral. Isso se aplica às agências de namoro da mesma forma que às agências de policiamento, ainda que os objetivos da busca sejam diferentes. Qualquer que seja a função manifesta desse exercício, sua função latente, mas indetectável, é a exclusão do objeto da decomposição/recomposição da classe das entidades moralmente relevantes e do universo das obrigações morais. Em outras palavras, a adiaforização de seu tratamento.

DL: Sim, mais uma vez receio que você esteja certo. Ironicamente, porém, a vigilância – alguém para me vigiar – pode ser valorizada e procurada nas vicissitudes da vida líquida moderna. Por infortúnio (para falar com moderação), contudo, esse "alguém" muitas vezes também é alguma *coisa*. E essa coisa é supostamente informação desencarnada, selecionada por meio de software e técnicas estatísticas. É o produto de uma dupla adiaforização, de tal forma que não apenas a responsabilidade é eliminada do processo de categorização, como também o próprio conceito de informação em si reduz a humanidade dos categorizados, quer a finalidade em vista seja o namoro, quer o assassinato.

Em outras palavras, esses filtros colaborativos e até, ironicamente, essas bases de dados relacionais tendem, em algumas circunstâncias, a negar ou pelo menos obscurecer nossa relação humana. Se, como nos ensina Levinas, nossa humanidade só é descoberta diante do Outro, ao reconhecermos nossa responsabilidade por ele, então existe algo profundamente perturbador em relação aos sistemas de vigilância que parecem romper essa capacidade de relação, ou até, de forma mais sutil, erodi-la pedaço por pedaço. Mas será que não é exatamente isso que devíamos esperar, se, como muitos concordam, um dos pontos de virada em direção à vigilância moderna foi o horrendo diagrama arquitetônico conhecido como pan-óptico?

Jeremy Bentham, entre outras coisas, foi um reformador prisional secular numa era em que a opinião preponderante sobre o que havia de errado com os lugares de punição incluía muitas vozes cristãs (para não mencionar outras que defendiam enviar os delinquentes para colônias penais no extremo oposto do planeta). Muitas vezes fiquei imaginando se Bentham não apenas tinha consciência disso, mas também se tentou neutralizar as críticas a seu plano citando em epígrafe o Salmo 139 da Bíblia, sobre o olho de Deus que a tudo enxerga. Mas a leitura que ele faz do olho de Deus enfatiza apenas o olhar aparentemente controlador, instrumental, de uma divindade invisível, inescrutável e possivelmente punitiva. Bentham enxergava somente a antolhada visão racional do Iluminismo.

Uma leitura mais equilibrada daquele salmo revela um tipo totalmente diferente de visão, uma visão relacional que apoia e protege; "até ali a tua mão me guiará e a tua destra me susterá" (Salmo 139:10). Evidentemente, há aqui uma orientação moral, mas a analogia contextual é o olhar calorosamente vigilante do amigo, do pai ou da mãe. Encontro nessa outra leitura do salmo usado por Bentham como epígrafe uma crítica da ética da proteção em estado embrionário. Não necessária ou basicamente para buscar práticas de vigilância alternativas, mas para testar as práticas existentes no objetivo de expor seus efeitos reais. Esse é o tipo de exercício em que Lucas Introna se engajou ao mostrar como o efeito de distanciamento da tela pode "des-figurar" o Outro excluindo pela "filtragem" quase todas as suas categorias.[8] Encontro uma autêntica promessa nessa ética "reveladora".

ZB: Não tenho tanta certeza de que a visão de Bentham sobre o Iluminismo fosse, como você disse, antolhada. Estava, afinal, em perfeita sintonia com os preceitos mais centrais, definidores, de fato, do Iluminismo: colocar os assuntos do mundo sob o gerenciamento humano e substituir a providência (o destino "cego", a contingência "aleatória") pela Razão, essa inimiga mortal de acidentes, ambiguidades, ambivalências e incoerências. Sou tentado a dizer que o pan-óptico de Bentham foi uma versão com tijolos e argamassa do espírito iluminista.

Um aspecto menos divulgado, embora não menos fundamental, desses preceitos gêmeos do Iluminismo foi o pressuposto da ignorância e incapacidade morais dos *hoi polloi*, as "pessoas comuns" (variadamente denominadas "o povo" ou "as massas"): como Rousseau proclamou (de modo um tanto abrupto), as pessoas devem ser forçadas a serem livres. Uma cruzada moral precisa sustentar-se na obediência das pessoas ou em sua ambição, não em seus duvidosos impulsos morais. É por essa razão, creio eu, que não se deve esperar um amplo alistamento voluntário na guerra declarada aos caprichos do destino; a aposta foi em codificar os deveres e não em desatrelar as liberdades de escolha. É por isso que Bentham, assim como os pioneiros dos "moinhos satânicos", e Frederick Taylor, o homem das medições de tempo e movimento, que pretendia reduzir o operador da máquina ao papel de escravo obediente dela, podiam acreditar sinceramente que eram agentes, promotores e braços executivos da moral – no sentido de ambas as interpretações do Salmo 139:10: vigiar e guiar na direção correta. Juntamente com todas as iniciativas e manobras, a questão de fundamentar a moral era tarefa e prerrogativa dos gerentes. Era a razão gerencial, dos gerentes capturados em movimento e registrados por James Burnham em *The*

Managerial Revolution (1939), que falava pelos lábios de Jeremy Bentham, assim como de Henry Ford.

Hoje em dia, porém, deixamos para trás as ambições éticas e ditatoriais dos gerentes de estilo Burnham. Nós as deixamos para trás em consequência da "Revolução Gerencial Parte 2" – tendo os gerentes descoberto uma receita muito melhor (mais barata e menos difícil de carregar e manusear, assim como potencialmente mais lucrativa) para o controle e a dominação: passar os deveres gerenciais para os próprios gerenciados, transferindo a tarefa de mantê-los na linha da coluna de débitos para a de créditos, de passivos para ativos, de custos para ganhos – "terceirizando" essa tarefa para aqueles que se encontram na extremidade receptora da operação. Isso é algo pelo qual a loja de móveis Ikea é famosa – deixar a montagem dos elementos produzidos pela fábrica para clientes que pagam pelo privilégio de executar essa tarefa, em vez de serem remunerados por seu desempenho –, mas é um princípio empregado de maneira cada vez mais ampla na moldagem dos atuais padrões da relação de dominação/subordinação.

O caminho para a reeticalização desses padrões antes assinalados com referência a Lucas Introna é tão estimulante e promissor quanto qualquer coisa que ainda possa ser testada na prática. Porém, não esqueçamos, ensinados como fomos no passado por uma longa série de falsas alvoradas e amargos despertares, que as linhas separando "proteção" de "dependência" e "liberdade" de "abandono" são endemicamente contenciosas; cada aparente oposição parece mais um par de aspectos inseparáveis (complementares, com efeito) da mesma relação. Simplificando: sim, a vigilância pode anular alguns escrúpulos morais ao manifestar suas "aplicações de proteção". Mas isso tem um preço – de maneira alguma moralmente inocente. E sem parar de ser vigilância e sem eliminar as dúvidas de natureza moral com as quais ela tem sido, e não injustamente, associada. Ainda estamos esperando em vão pelo bolo que possamos comer e preservar, ainda que essa descoberta seja novamente anunciada a cada sucessiva novidade tecnológica.

· 7 ·

Agência e esperança

DAVID LYON: Tendo lido nossa conversa até agora, gostaria que defrontássemos alguns temas que apareceram diversas vezes, mas que não chegamos a debater com alguma profundidade. Se me permite, gostaria de assinalá-los com as palavras "agência" e "esperança". A primeira é muito relevante para a vigilância e se conecta com a observação que você fez a Peter Beilharz em 2001,[1] de que Gramsci lhe mostrara como mulheres e homens estão longe de se tornar inconscientes em relação à forma como a sociedade funciona e nunca deveriam ser considerados meras vítimas das estruturas sociais, não importa o poder que elas aparentem. Alguns estudos sobre vigilância parecem sugerir que os seres humanos são apenas cerceados pela rede burocrática, capturados pelas lentes das câmeras ou inapelavelmente rastreados e seguidos por seus próprios celulares. Assim, onde se poderia encontrar ou fomentar a agência?

A segunda pode ser relacionada à primeira, especialmente porque, ainda seguindo Gramsci, sua obra indica como as coisas poderiam ser diferentes. Os seres humanos podem fazer a diferença, e efetivamente o fazem, podem pensar de forma não convencional e às vezes até alterar o curso da história na direção da justiça e da solidariedade. Independentemente de tudo que se diga sobre as maneiras pelas quais o poder evapora no espaço dos fluxos, ou de como o Homeland Security estimula políticas e práticas profundamente racistas ao lançar uma rede tão ampla que todos nós nos tornamos suspeitos "categóricos", ou mesmo da crescente complacência em relação à perda geral de controle sobre nossas informações pessoais, não creio que tudo esteja perdido. Mas quais são os fundamentos dessa esperança? Como ela é temperada pela incerteza, a ambivalência ou mesmo a suspeita? E como pode contribuir para o que você chama de escolhas vitais entre vidas humanas e inumanas?

Zygmunt Bauman: "Tudo está perdido" apenas quando (se!) acreditamos que isso seja verdade (W.I. Thomas, quase cem anos atrás, descobriu exatamente isso, concluindo que, "uma vez que as pessoas acreditem que alguma coisa é verdade, ela tende a se tornar verdade em consequência de suas ações"). Mas mesmo assim nem tudo está perdido. A não aceitação dessa situação, ainda que lançada às masmorras do subconsciente e lá encarcerada, abre um grande buraco nessa convicção pela qual os milagres são convidados a fluir e de fato fluem. Suponho que seja intrinsecamente impossível viver com a crença de que "tudo está perdido", e que também isso seja inconcebível, presumindo que os seres humanos constituem uma espécie endemicamente transgressora. E não poderia ser de outra forma, tendo sido abençoada ou amaldiçoada com uma linguagem que contém a partícula "não" (quer dizer, a possibilidade de negar ou refutar o que seja) e o tempo futuro (quer dizer, a capacidade de ser movido por uma visão da realidade que não existe "ainda", mas pode existir no "futuro", com a mesma força com que outros animais são movidos pelas evidências fornecidas pelos sentidos).

Num animal que escolhe, transcende e transgride como o Homo sapiens, nenhuma condição é plena e verdadeiramente do tipo "tudo está perdido". O que não significa, contudo, que transformar o verbo em carne seja uma operação descomplicada, de sucesso garantido, ou que uma receita totalmente segura (e acima de tudo indisputada) para sair do problema esteja à espera de que alguém a encontre; ou que, uma vez encontrada, seria levada a cabo de comum acordo e com o aplauso universal. Mas permita que eu o mande de volta ao que discutimos brevemente com referência a uma recente entrevista de Houellebecq.

Outra observação: o Estado-nação não é a única "agência em crise". Outra "agência em crise" é o indivíduo, convocado e encorajado a encontrar (como Ulrich Beck com frequência nos lembra) "soluções individuais para problemas socialmente gerados", e de quem se espera que o consiga. Todos somos agora "indivíduos" por cortesia desse decreto – não escrito, mas profundamente gravado em todas ou quase todas as práticas sociais. Somos todos "indivíduos de direito", mas a maioria de nós, em muitas ocasiões, se percebe muito aquém do status de "indivíduo de fato" (em função de um déficit de conhecimento, de habilidades ou recursos, ou simplesmente porque os problemas com que nos defrontamos só poderiam ser "resolvidos" coletivamente, e não por uma só pessoa; por uma ação organizada e coordenada envolvendo muita gente).

Não é provável que sejamos perdoados por essa brecha entre as expectativas sociais (também internalizadas por nós) e nossas habilidades práticas. Tampouco pela chamada "opinião pública", nem por nossa própria consciência (mesmo que socialmente cultivada). Creio que esse sentimento muito humilhante, que nega a dignidade própria e a esperança de redenção, de ter sido lançado num estado de inescapável e irredimível desqualificação, seja o estímulo mais poderoso da versão atual da "servidão voluntária" (nossa cooperação com a vigilância eletrônica/digital); uma versão que, em última instância, não é mais, porém também não é menos, que uma tentativa desesperada de escapar ao abandono e à solidão (leia-se, impotência). Podemos ser "confinados" e "capturados", mas também "pulamos", mergulhamos e submergimos por vontade própria, no último sustentáculo de nossa esperança.

DL: Se assim for, então o último sustentáculo da esperança talvez não dure muito! Como poderia? E onde, nos tempos líquidos modernos, alguém pode realmente "se sustentar"? Estou com você quanto às mudanças tectônicas que tornam a modernidade bem menos sólida do que antes parecia – ainda que Marx e outros nos tenham alertado muito tempo atrás que a aparente solidez "se desmancha no ar" –, de um lado, com a ambivalência evidente ao nosso redor, de outro, com as certezas meramente "manufaturadas" das sociedades de risco. Não admira que a esperança oculte sua face e que até seu frágil conteúdo, o otimismo, fique esperando nos bastidores pelo aparecimento de uma sugestão cultural que lhe conceda um momento no palco nada acolhedor de nossos tempos líquidos.

Os fluxos de informação e imagens digitais que debatemos no contexto da vigilância, por toda parte, estão ampliando esse senso de liquidez, que também tem, segundo alguns, o efeito de "esfriar" as memórias. As memórias "quentes" que poderiam moldar e dirigir o desenvolvimento cultural de formas apropriadamente éticas são substituídas pela frieza de dedicar atenção ao e-mail recebido, à atualização do status e ao prognóstico revisado, enquanto eles voam pela nossa consciência.[2] Mesmo nos domínios da vigilância, como em sua metáfora do "mergulho e imersão" nos faz recordar, as coisas estão num fluxo constante. Aqui também o status do consumidor se altera a cada novo bit de informação transacional, e suas chances de ser detido no aeroporto para novos interrogatórios variam de acordo com os níveis de tráfego e a trilha de rastros mais recente que você deixou para trás.

É por isso que, num mundo onde as ciências sociais muitas vezes têm recorrido – adequado! – a uma hermenêutica da suspeita, eu volto aos seus textos, repletos de odores que nos lembram que a hermenêutica também pode ser recuperada. Embora possamos nos fortalecer para viver com ambivalência ou recuar dos sonhos com o sublime digital, também não haveria oportunidades de considerar o que pode ser recuperado de vocabulários culturalmente desprezados sem cair na nostalgia ou na reação? Lembro-me com gratidão, por exemplo, de participar de um seminário, em 1996, com Jacques Derrida quando ele fez brilhar a luz da exposição de Levinas sobre *la responsabilité*.[3] Isso ajudou a reviver minha própria e hesitante esperança de que haja alternativas que também expliquem os tempos líquidos em que vivemos.

Trata-se de uma hermenêutica da recuperação, tal como a vejo, porque vai para trás a fim de confrontar e envolver o presente, ao mesmo tempo que se agarra à esperança daquilo que (como você nos lembrou pelas palavras de Paulo) ainda não podemos ver. No mundo da visão vigilante, se o olhar pan-óptico objetifica o Outro, Levinas nos estimula a ver que isso não fecha as possibilidades de outro tipo de olhar. A visão não necessariamente "nos cega para a humanidade do outro".[4] Levinas nos leva de volta ao Outro da Torá, como o estranho ou forasteiro, a viúva e o órfão. E quem no relato bíblico representa mais plenamente o forasteiro marginalizado que Hagar, a esposa hostilizada e cruelmente excluída por Abraão e Sara? Sua subordinação de gênero e sua inferioridade étnica não passaram despercebidas a YHWH, que ela reconhece agradecida como "o Deus que me *vê*". O olhar amoroso e a ação libertadora são inseparáveis nesse relato.[5] Outra forma é possível, impregnada de esperança.

ZB: Por que recorri a uma expressão tão dramática como "o último sustentáculo da esperança"? Em função da crise da agência, o mais conspícuo veneno da condição atual. A esperança hoje sente-se frágil, vulnerável, fissípara precisamente porque não podemos localizar uma agência viável e potente o bastante para transformar o verbo em carne. Essa dificuldade, como continuarei a repetir, deve-se, por sua vez, ao iminente divórcio entre o poder que faz as coisas serem feitas e o poder capaz de garantir que sejam feitas as coisas certas (costumávamos chamar esse segundo poder de "política").

As agências políticas existentes (estabelecidas pelo governo do Estado) também estão longe de se adequar à grandiosidade da tarefa. Nossos líderes políticos acertam na sexta-feira o que deve ser feito, e então passam o fim de semana tremendo até a abertura das bolsas de valores, na segunda, para descobrir o que de fato fizeram (mais precisamente, o que de fato foi feito). Não admira que as sugestões de que estão nascendo agências alternativas ansiosas por se juntar à luta sejam consumidas com tanta avidez – e se mostrem, portanto, tão abundantes. Quem sabe melhores engenhocas de vigilância possam realizar o que anos de pregação moral e elaboração de códigos de ética não conseguiram?

Temos *esperança de ter esperança* – uma esperança mais fundamentada, mais auspiciosa. Na facilidade digital de convocar milhares de homens e mulheres a uma praça pública, tentamos ao máximo enxergar a promessa da construção de um novo regime que ponha fim às excentricidades e futilidades do atual. Isso está OK, e é muito bem-vindo para nossa saúde mental enquanto continuarmos a ter esperança; ajuda muito menos quando proclamamos (ou aceitamos as proclamações de outros) que a caixa que tal regime vai preencher com sucesso já foi aberta e fechada.

Você está totalmente certo quanto à visão de Levinas, mas que diria ele das chances de essa perspectiva ganhar sustentação na realidade se tivesse de viajar nos veículos da vigilância eletrônica e digital? Tanto o machado quanto a lâmina são produtos apurados da tecnologia – mas ai de quem usá-los sem moderação. Podemos fazer a barba com um machado? Cortar lenha com uma lâmina? (Embora se possam usar tanto o machado quanto a lâmina, não exatamente de acordo com seus propósitos, para matar.) Afinal, a vigilância eletrônica – e ninguém mostrou isso de forma mais convincente do que David Lyon – divide e "demografiza" o que a "Face do Outro" de Levinas sintetiza e integraliza.

Gérard Berry, um dos principais especialistas franceses nos efeitos sociais da informática, contou a seu entrevistador Roger-Pol Droit a história de quando encontrou adolescentes tunisianos logo após a última revolução.[6] Ele lhes contou como era difícil, quando tinha a idade deles, organizar até uma pequena reunião. Seus interlocutores ficaram atônitos e acharam graça. Nunca tinham imaginado um mundo assim, nem jamais haviam tentado pensar nesses termos. Por outro lado, Berry ficou igualmente surpreso e achou graça quando tentou extrair dos adolescentes o relato de como haviam "começado" a usar meios eletrônicos para compor e decompor sua "intimidade". Não obteve uma resposta sequer – e percebeu que era a pergunta errada para esses adolescentes. Nunca tinham vivido num mundo sem Facebook e Twitter, de modo que nunca "começaram" a usar o Facebook e coisas do gênero para construir e desconstruir seu mundo social.

O único mundo que conheciam e tinham aprendido a habitar era operado digitalmente. Para eles, a internet era algo tão natural quanto o mar ou uma montanha, concluiu Berry, e não tinham nada com que pudessem compará-la a fim de avaliar seus méritos ou vícios relativos. Pressionado por Droit a prever para onde vamos, Berry ficou aparentemente pouco à vontade. Seu GPS (Global Positioning System, sistema de posicionamento global) vai

> transmitir eternamente suas coordenadas, e o computador, os cliques que permitirão mensurar as variações do comportamento coletivo e individual, mas também de quantidades de informação que poderão se tornar muito perigosas para a democracia. Se as pessoas não forem alertadas agora, essas práticas perigosas estarão em funcionamento antes que as perguntas possam ser feitas, e o debate democrático normal não terá lugar, será tarde demais.

Bem, podemos concordar, ao menos por ora (até o momento em que uma evidência mais firme e menos ambígua seja disponibilizada pelo processo de construção da história pelos seres humanos), que a vigilância digital é uma espada afiada cuja eficácia ainda não sabemos como reduzir – e, obviamente, uma espada com dois gumes, que ainda não conseguimos manejar com segurança.

Quanto a nossas esperanças: a esperança é uma qualidade humana que não perdemos sem que percamos também nossa humanidade. Mas também podemos ter certeza de que vai levar muito tempo até encontrarmos um refúgio seguro em que é possível lançar uma âncora. Você, como todos nós, sabe tudo sobre o destino do menino que vivia dando alarmes falsos. Mas tendemos a saber menos (ao mesmo tempo em que o perdoamos mais facilmente) que destino semelhante está à espera de qualquer um de nós que viva dando alarmes falsos, do alto do ninho de um corvo, sobre "a terra prometida que se encontra à nossa frente!".

DL: Como aconteceu com nossas outras conversas, também esta permanecerá adequadamente inconclusa. Mas seus retumbantes comentários me estimulam a exigir mais, pela última vez. Sim, esperança e compaixão são inseparáveis e, sim, encontrar uma ancoragem segura pode levar tempo (e, deve-se acrescentar, parece ser algo mais ilusório na era líquida moderna). Mas se o garoto que anunciava um lobo falso avisava de perigos inexistentes, que dizer daqueles que anunciam a "terra prometida"? A história do lobo enfatiza a importância de dizer a verdade, de modo a que todos só sejamos alertados sobre riscos reais. Você tangenciou diversos casos opostos, em que se fazem tolas alegações futuristas sobre a promessa transformadora da tecnologia (por exemplo). E, sem hesitar, concordamos que esse otimismo vazio é tão falso quanto o lobo temido da antiga história. Não é, porém, mais possível?

Compartilho com você a situação em que encontrei uma orientação verdadeira – que, estou persuadido, deriva da esperança – em minhas próprias tentativas de entender a vigilância. Essas convicções não são moeda corrente na escrita pública da sociologia ou da história. Mas, não obstante, elas ou suas equivalentes estão presentes em silêncio nos bastidores. Não podem ser provadas (o que quer que isso signifique), mas não podemos deixar de presumi-las. Todos nós nos baseamos, queiramos ou não, nesses pressupostos "metateóricos".

Quando comecei a tratar da vigilância pós-11 de Setembro, tentava lidar com a ênfase crescentemente excludente das iniciativas de segurança-vigilância. Um vocabulário dotado de uma nova clareza que tomava forma na mídia e na política destacava como proscritas as categorias de "muçulmano", "árabe" e "pessoa do Oriente Médio". Como afirma Bourdieu com simplicidade, mas também com sabedoria, "o destino dos grupos está estritamente ligado às palavras que os designam".[7] E agora sabemos como tem profundas consequências para essas designações o fato de serem associadas à palavra "terrorista". É a exclusão pela dominação, em que os excluídos são situados fora da vida normal (e, nesse caso, legal). Mas, como observa o teólogo Miroslav Volf,[8] outras exclusões incluem a eliminação (pense na Bósnia, em Ruanda) e sua irmã mais suave, a assimilação (você pode sobreviver entre nós se renunciar à sua identidade; esta semana o governo canadense anunciou que mulheres não podem mais usar o *niqab* em cerimônias de concessão de cidadania). E então existe a exclusão por abandono, que já vimos em relação aos consumidores falhos, por exemplo. Sabemos como automatizar "caminhando do outro lado".

De modo comovente, Volf explorou esses assuntos quando desafiado por Jürgen Moltmann em relação a se ele, um croata, poderia algum dia abraçar um *četnik* – nome dos guerreiros sérvios que haviam devastado sua terra natal. Como cristão, ele espera, sem dúvida alguma, por uma era em que as espadas se transformem em arados, mas reconhece que, no presente, a questão é "*como viver sob o governo de César na ausência do reino da verdade e da justiça?*" (itálicos no original).[9] Ele cita Hans Enzenberger (para ir além dele) indagando se a pedra de Sísifo (que ele era obrigado a empurrar morro acima) pode ser chamada de "paz". Ainda é possível realizar pequenos atos de sociabilidade, mas também é possível que o assassino retorne a qualquer momento. Porém, diz Volf, os que "carregam a cruz" na trilha do Messias "vão romper o ciclo de violência recusando-se a ser capturados no automatismo da vingança", de modo que "os preciosos atos de não retaliação se tornam a semente de que brota o frágil fruto da paz pentecostal".[10]

Ora, minha intenção ao mencionar isso é que essas convicções profundas informam a análise e a historiografia sociais. Embora discordemos das crenças em que se originam, nem assim podemos formar alianças estratégicas com outros que afirmem, por exemplo, a agência e a esperança? Kieran Flanagan observou, e eu concordo, que sua obra, Zygmunt, "fornece um inesperado testemunho de ... ressonâncias teológicas na modernidade".[11] Acho que você usa "inesperado" no sentido de que tem grandes dúvidas em relação à atividade de Deus no mundo, e é profundamente crítico (como eu) quanto a diversas manifestações do sentimento "religioso". Mas ele está correto quando diz que você reconhece com audácia a importância de temas muitas vezes deixados apenas para os teólogos – a

Agência e esperança

realidade do mal, a inescapabilidade da ética, o vigor dos relacionamentos de longo prazo, o altruísmo do Outro e a prioridade do amor ao próximo, os enigmas da mortalidade –, e vários dos quais já tangenciamos aqui.

Vejo-me transitando sem desculpas nem remorso pela tradição cristã, enquanto me refiro à sua obra unicamente porque ela articula ideias, e também compromissos, que são muito próximas das minhas. Sua obra comporta tão bem coisas que me são caras que descobri que posso continuar viajando muito tempo em sua companhia, ainda que encontremos também momentos de tensão ou, em última instância, discordância básica. Descobri que você às vezes cita com aprovação fontes cristãs, e que elas – incluindo Volf – reconhecem o débito para com sua sabedoria. Como diria Levinas, há em seu trabalho certo *rashimo*, aquela ideia da Cabala, que faz eco à perspicácia e à lucidez dos Livros Sagrados, clareando e estimulando a consciência e nos levando a novas direções.

Portanto, vigilância líquida? Bem, sim, pois é crucial entender as novas maneiras pelas quais a vigilância está se infiltrando na corrente sanguínea da vida contemporânea, e que as formas como o faz correspondem às correntes da modernidade líquida. Mas a ideia de liquidez vem da pena de uma pessoa que recusa terminantemente a superficialidade e a falta de substância de grande parte da teoria social; e que se volta, em vez disso, para os temas aos quais acabei de me referir. Creio que minha pergunta é: em que medida a teoria social e política pode permanecer aberta às contribuições dos que falam a partir de tradições religiosas? Quem, por exemplo, encontra no judaísmo e no cristianismo antigos as raízes da ideia de que o teste da boa governança é a forma como são tratados os mais vulneráveis ou os dotados de vozes mais frágeis? Ou quem ousa ter esperança, não em alguma utopia de fabricação meramente humana, mas na concretização das palavras dos sábios, das promessas dos antigos profetas ou até, repetindo palavras frequentemente usadas por você, do "verbo feito carne"?

ZB: Como já ocorreu tantas vezes em nossa conversa, você pôs o dedo inequivocamente nos pontos e aspectos mais vulneráveis, contenciosos e inflamáveis desse tema. Em meu pequeno estudo sobre a "arte da vida", sugeri que é o destino (nome genérico de tudo que não podemos evitar ou alterar significativamente) que estabelece para nós a gama de opções disponíveis e realistas, mas é o caráter (nome genérico daquilo que podemos tentar conscientemente controlar, alterar ou cultivar) que faz a seleção entre elas. A copresença e a interação desses dois fatores amplamente autônomos tornam os feitos humanos indeterminados, e, no fim das contas, jamais totalmente previsíveis. Nem os nazistas e os comunistas, em seus campos de concentração, conseguiram eliminar de todo as escolhas humanas! Você e eu, tal como todos ao nosso redor, desde o passado mais distante até a eternidade, fomos, somos e continuaremos a ser *homo eligens* – seres que fazem escolhas, que fazem história da mesma forma que são feitos por ela.

Por estar convencido de tudo isso, creio simultaneamente na possibilidade e na inevitabilidade da moral. Nunca esqueceremos o que Eva e Adão aprenderam ao provar do fruto da árvore da ciência do bem e do mal. Só que cada conjunto de circunstâncias combinadas para formar o "destino" atribui diferentes sanções a diferentes escolhas. Isso significa que, em circunstâncias diversas, as probabilidades de certas escolhas são distintas: embora, sendo *homini sapienti*, além de *homini eligenti*, nos inclinemos a dar preferência às escolhas menos dispendiosas em relação às mais caras (não importa a moeda em que os custos e ganhos relativos sejam avaliados).

Existe, no entanto, uma enorme distância entre determinação e probabilidade, e é nesse espaço parcamente assinalado que opera o caráter – na companhia da moral. Fico repetindo que "ser moral" é muitas coisas, mas decerto não a receita de uma vida fácil e confortável. A incerteza (e uma incerteza do tipo mais assustador, uma incerteza irrevogável e irredutível *antes* de uma escolha ser considerada e *depois* de ela ter sido feita) é a terra natal, o hábitat da moralidade. E, com muita frequência, esta última (contrariamente aos ensinamentos de quase todos os filósofos éticos modernos) não está em *conformar-se* às normas quase universalmente aceitas e obedecidas, mas na firme *resistência* a elas, com enorme custo para quem resiste.

Creio haver uma "afinidade eletiva" entre essa crença e o credo do falecido Tony Judt. No dia seguinte à sua morte, anotei os seguintes pensamentos em meu diário: "Se nada mais aprendemos com o século XX", insistia Judt, "deveríamos ao menos ter entendido que quanto mais perfeita a resposta, mais assustadoras as consequências. Melhorias graduais em circunstâncias insatisfatórias são o melhor que podemos esperar, e provavelmente tudo que deveríamos buscar." A história, em outras palavras, pode nos ensinar a humildade e nos recomendar a modéstia em nossos empreendimentos. Por outro lado, não vai destruir nossas esperanças – desde que escutemos seu aviso. Numa conversa com David Foley, do *Independent*, Judt apresentou o seu credo:

> Outro dia me perguntaram se eu enxergava um desvio para alguma coisa parecida com autoritarismo ou totalitarismo. Não vejo isso. De certa maneira, vejo algo muito mais corrosivo, que é uma perda da convicção, uma perda da fé na cultura da democracia plena, um senso de ceticismo e retraimento que provavelmente está bem avançado em ambos os lados do Atlântico. ... Mas também acho que tendemos a ver na meia geração seguinte uma ressurgência do entusiasmo coletivo, na forma de protestos motivados pela ira política, de organização entre os jovens contra a estagnação dos últimos 25 anos. Assim, otimismo a médio prazo, pessimismo a curto prazo.[12]

Endossando e justificando retrospectivamente o "otimismo a médio prazo" de Judt, o futuro – não imediato, mas relativamente próximo – terá de navegar entre o Cila de ressuscitar o passado e o Caribde de uma despreocupada negação de seu legado. "Seria agradável – mas equivocado – afirmar que a social-democracia, ou algo semelhante, representa o futuro que pintaríamos para nós mesmos como um mundo ideal", declarou Judt em outra ocasião, "pronunciando cuidadosamente cada palavra", como comenta Evan R. Goldstein, seu entrevistador.[13] Abandonar os ganhos obtidos pelos social-democratas – o New Deal, a Grande Sociedade, o Estado de bem-estar social europeu – "é trair tanto os que vieram antes de nós quanto as gerações que ainda estão por vir".

Atualmente, porém, estamos assistindo ao declínio de oitenta anos de grandes investimentos nos serviços públicos. Jogamos fora esforços, ideias e ambições do passado. Ao eliminarmos a resposta ruim, esquecemos as boas perguntas. Quero colocá-las de volta na mesa.

Pessoalmente, suspeito que Judt encontrou o significado que tão ardentemente procurou em vida, pelo menos na vida do indivíduo portador do nome Tony Judt, e – na medida em que outros seres humanos decidiram saturar suas vidas de um significado semelhante – talvez também na história humana. Judt confessou a Foley:

> As únicas conversas filosóficas sérias que tenho tido foram com o filósofo Thomas Nagel, aqui, da [Universidade de Nova York], que é amigo meu. Temos tido longas conversas sobre as responsabilidades dos vivos pelo que acontece depois que morrem. Em outras palavras, não sobre a vida após a morte, mas sobre a vida depois da morte de uma pessoa e sobre as responsabilidades que se tem em relação ao mundo que se deixa para trás em termos de comportamento, em termos do que se diz ou do que se tenta conseguir, e assim por diante. ...
>
> Essas responsabilidades são bastante substanciais. De fato morremos – não vivemos depois de mortos, ou pelo menos, se o fazemos, nada sei sobre isso, nem tenho a oferecer provas ou argumentos que o sustentem –, mas continuamos vivendo em outras pessoas das formas pelas quais somos responsáveis. A memória que deixamos, a impressão que permanece do formato das ideias que tivemos e as razões que as pessoas possam ter para continuar comprometidas com essas ideias são responsabilidades que temos agora por um mundo pelo qual não podemos ser responsáveis. Existem bases para agirmos agora como se fôssemos continuar a viver, como se fôssemos estar lá para assumir responsabilidade por nossas palavras e nossos atos, um sentido de viver para o futuro, ainda que este não seja o seu.

DL: Sim, sim, e essa é de fato outra maneira de conceber *la responsabilité* e de influenciá-la. De minha parte, como crente, só acrescentaria que o Novo Testamento nos impõe viver no presente *como se* a futura shalom já tivesse chegado. Vivermos agora integralmente uma vida de adoração, de nos encontrarmos na face do Outro, de transformarmos espadas em arados, de pressionar para garantir que as vozes dos marginalizados, dos categoricamente suspeitos, sejam ouvidas, sem temer as consequências disso.

ZB: "Viver no presente como se a futura shalom já tivesse chegado", você insiste. Este, tal como outros apelos do Velho e do Novo Testamento, foi dirigido aos santos, incluindo o preceito da responsabilidade incondicional articulado por Levinas, também ele um crente (mas, por favor, considere que este seria um mundo horrível se a atenção às mensagens dos testamentos e a graça de absorvê-las dependessem de uma crença na divindade de seus remetentes). E os santos receberam a mensagem, digeriram-na e reciclaram-na, transformando-a em ações. É por isso que os chamamos de santos. É por isso que são santos. E, no entanto, não seríamos humanos sem a presença dos santos. Eles nos mostram o caminho (são o caminho), provam-nos que é possível segui-lo, são dores de consciência para nós, que nos recusamos ou somos incapazes de assumir e seguir o caminho.

Em seu último romance, *O mapa e o território* (reflitam, por favor, sobre a mensagem contida nesse título), Michel Houellebecq tenta responder se William Morris (famoso pelo preceito de que "planejamento e execução jamais poderiam ser separados") era um utópico. Ele medita, recusa-se resolutamente a parecer conclusivo ("Estou muito velho", explica, "não tenho mais o desejo nem o hábito de chegar a conclusões"), mas, não obstante, sugere: "O que se pode dizer é que o modelo de sociedade proposto por William Morris certamente não seria utópico num mundo em que todos os homens fossem como William Morris."

Endosso essa hipótese, incluindo todos os encorajamentos explícitos e advertências implícitas.

· Notas ·

Introdução (*p.9-24*)

1. Gilles Deleuze, "Postscript on the societies of control", *October 59* (inverno 1992), p.3-7.

2. Kevin Haggerty e Richard Ericson, "The surveillance assemblage", *British Journal of Sociology*, v.54, n.1, 2000, p.605-22.

3. William G. Staples, *Everyday Surveillance: Vigilance and Visibility in Postmodern Life*. Lanham, Rowman & Littlefield, 2008, p.8, grifos nossos.

4. Zygmunt Bauman, *Liquid Modernity*, Cambridge, Polity, 2000, p.11 [trad. bras., *Modernidade líquida*, Rio de Janeiro, Zahar, 2001].

5. Para a discussão, ver David Lyon (org.), *Theorizing Surveillance: The Panopticon and Beyond*, Cullompton, Willan, 2006.

6. Didier Bigo, "Security: a field left fallow", in M. Dillon e A.W. Neal (orgs.), *Foucault on Politics, Security and War*, Londres, Palgrave Macmillan, 2011, p.109, grifos nossos. Ver também David Lyon, "Everyday surveillance: personal data and social classification", *Information, Communication, and Society*, v.5, n.1, 2002, p.1-16.

7. Ver, por exemplo, David Lyon, "The border is everywhere: ID cards, surveillance and the other", in E. Zureik e M.B. Salter (orgs.), *Global Surveillance and Policing*, Cullompton, Willan, 2005, p.66-82.

8. Bauman debate a adiaforização em diversos textos, incluindo *Postmodern Ethics*, Oxford, Blackwell, 1993.

9. Ver, por exemplo, Oscar Gandy, *Coming to Terms with Chance: Engaging Rational Discrimination and Cumulative Disadvantage*, Farnham, Ashgate, 2009.

10. David Lyon, *Surveillance Studies: An Overview*, Cambridge, Polity, 2007, p.32.

11. Daniel Solove, *The Digital Person: Technology and Privacy in the Information Age*, Nova York, New York University Press, 2007, p.47.

12. Bauman, *Liquid Modernity*, p.10.

13. Ibid., p.11.

14. Ver, por exemplo, Katja Franko Aas, *Sentencing in the Age of Information*, Londres, Glass House, 2005, cap.4.

15. David Lyon (org.), *Surveillance as Social Sorting: Privacy, Risk, and Digital Discrimination*, Londres, Routledge, 2003.

16. Ver, por exemplo, Anna Vemer Andrzejewski, *Building Power: Architecture and Surveillance in Victorian America*, Knoxville, University of Tennessee Press, 2008.

17. Oscar Gandy, op.cit.

18. Ver, por exemplo, *Work, Consumerism and the New Poor*, Buckingham, Open University Press, 1998.

1. Drones e mídia social (*p.25-54*)

1. Elisabeth Bumiller e Thom Shanker, "War evolves with drones, some tiny as bugs", *The New York Times*, 19 jun 2011.

2. Brian Stelter, "Now drones are absolute"; disponível em: http://motherboard.vice.com.

3. Essa particular acusação de roubo, tal como a maioria das que foram apresentadas e contestadas durante a "Corrida do Ouro" na Califórnia, a partir de 1849, não teve solução inequívoca nos tribunais; mas a internet, no início do século XXI, tal como a Califórnia em meados do século XIX, era um lugar singularmente sem lei – sem propriedade privada, taxas de licenciamento ou impostos.

4. Josh Rose, "How social media is having a positive impact on our culture", 23 fev 2011; disponível em: http://mashable.com/2011/02/23/social-media-culture/; acesso em mar 2012.

5. Georg Simmel, "The sociology of secrecy and of the secret societies", *American Journal of Sociology*, n.11, 1906, p.441-98.

6. Gary T. Marx e Glenn W. Muschert, "Simmel on secrecy: a legacy and inheritance for the sociology of information", in Christian Papiloud e Cécile Rol (orgs.), *The Possibility of Sociology*, Wiesbaden, VS Verlag für Sozialwissenschaften, 2008.

7. Ver Paul Lewis, "Teenage networking websites face anti-paedophile investigation", *Guardian*, 3 jul 2006.

8. Eugène Enriquez, "L'idéal type de l'individu hypermoderne: l'individu pervers?", in Nicole Aubert (org.), *L'Individu hypermoderne*, Toulouse, Érès, 2004, p.49.

9. Siegfried Kracauer, *Die Angestellen*, ensaios primeiramente publicados em série no *Frankfurter Allgemeine Zeitung* durante o ano de 1929, e em forma de livro, em 1930, pela Suhrkamp. Aqui citado segundo a tradução para o inglês de Quintin Hoare, *Siegfried Kracauer, The Salaried Masses: Duty and Distraction in Weimar Germany*, Londres, Verso, 1998, p.39.

10. Germaine Greer, *The Future of Feminism*, Dr. J. Tans Lecture, Maastricht, Studium Generale, Universidade de Maastricht, 2004, p.13.

11. Sherry Turkle, *Alone Together: Why We Expect More of Technology and Less of Each Other*, Nova York, Basic Books, 2011, p.xii.

12. Daniel Trottier, *Social Media as Surveillance: Rethinking Visibility in a Converging World*, Londres, Ashgate, 2012.

13. Outros estudiosos chegaram a diferentes limites, por vezes o dobro dos de Dunbar. Segundo um recente verbete da Wikipédia, "o antropólogo H. Russell Bernard, juntamente com Peter Killworth e associados, realizou uma série de estudos de campo nos Estados Unidos que resultaram num número estimado de vínculos – 290 – que é mais ou menos o dobro da estimativa de Dunbar. A mediana de Bernard-Killworth, de 231, é mais baixa graças à irregularidade ascendente na distribuição: isso ainda é bem mais amplo que a estimativa de Dunbar. A estimativa de Bernard-Killworth da máxima probabilidade de tamanho da rede social de uma pessoa baseia-se numa série de estudos de campo utilizando diferentes métodos em várias populações. Não é uma média das médias do estudo, mas uma descoberta reiterada. No entanto, o número de Bernard-Killworth não tem sido tão divulgado quanto o de Dunbar. Diferentemente dos pesquisadores citados, que se concentram em conjuntos de pessoas em várias populações humanas contemporâneas, os principais objetos dos estudos de campo e de arquivos realizados por Dunbar e os fornecedores dos dados brutos a partir dos quais o número de Dunbar foi calculado foram primatas e populações do Pleistoceno; portanto, a proposta de Dunbar – de que, dada a estrutura do neocórtex compartilhada pelos primatas e seus parentes mais jovens humanos, o tamanho da horda primitiva estabelece limites ao número de "relacionamentos significativos" para os seres humanos – deve ser tomada como um pressuposto e não como uma descoberta confirmada.

14. Ver "McDonald's #McDStories Twitter campaign backfires", *Daily Telegraph*, 24 jun 2012; disponível em: www.telegraph.co.uk; acesso em abr 2012.

15. Sobre isso, ver o criterioso artigo de Malcolm Gladwell, "Small change: why the revolution will not be tweeted", *New Yorker*, 24 out 2010.

16. Ver Jean-Claude Kaufmann, *Sex@mour*, Paris, Armand Colin, 2010, aqui citado a partir da tradução de David Macey, *Love Online*, Cambridge, Polity, 2012.

2. A vigilância líquida como pós-pan-óptico (*p.55-74*)

1. Kevin Haggerty, "Tear down the walls", in Lyon, *Theorizing Surveillance*.

2. Michel Foucault, *Discipline and Punish*, Nova York, Vintage, 1977, p.202-3.

3. Oscar Gandy, *The Panoptic Sort: A Political Economy of Personal Information*, Boulder, Westview, 1993.

4. Lorna Rhodes, "Panoptical intimacies", *Public Culture*, v.10, n.2, 1998, p.308.

5. Lorna Rhodes, *Total Confinement: Madness and Reason in the Maximum Security Prison*, Berkeley, University of California Press, 2004.

6. Mark Andrejevic, *Reality TV: The Work of Being Watched*, Nova York, Rowman & Littlefield, 2004.

7. Essa é uma citação aproximada de David Lyon, "The search for surveillance theories", in Lyon, *Theorizing Surveillance*, p.8.

8. Loïc Wacquant, *Punishing the Poor: The Neoliberal Government of Social Insecurity*, Durham, Duke University Press, 2008, p.25.

9. John Gilliom, *Overseers of the Poor*, Chicago, University of Chicago Press, 2005.

10. Didier Bigo, "Globalized (in)security: the field and the ban-opticon", in Naoki Sakai e Jon Solomon (orgs.), *Traces 4: Translation, Biopolitics, Colonial Difference*, Hong Kong, Hong Kong University Press, 2006.

11. Michel Agier, *Le Couloir des exiles. Être étranger dans un monde commun*, Marselha, Éditions du Croquant, 2011.

12. Lyon, *Surveillance Studies*, p.42.

13. Oscar Gandy, "Coming to terms with the panoptic sort", in David Lyon e Elia Zureik (orgs.), *Computers, Surveillance and Privacy*, Minneapolis, University of Minnesota Press, 1996, p.152.

14. Mark Andrejevic, *iSpy: Surveillance and Power in the Interactive Era*, Lawrence, University of Kansas Press, 2007, p.125.

15. Gandy, *Coming to Terms with Chance*.

16. Geoff Bowker e Susan Leigh Star, *Sorting Things Out*, Cambridge, MA, MIT Press, 1999.

17. Thomas Mathiesen, "The viewer society: Michel Foucault's panopticon revisited", *Theoretical Criminology*, v.1, n.2, 1997, p.215-34.

18. Ver David Lyon, "9/11, synopticon, and scopophilia: watching and being watched", in Kevin D. Haggerty e Richard V. Ericson (orgs.), *The New Politics of Surveillance and Visibility*, Toronto, University of Toronto Press, 2006, p.35-54.

19. Aaron Doyle, "Revisiting the synopticon: reconsidering Mathiesen's 'viewer society' in the age of web 2.0", *Theoretical Criminology*, v.15, n.3, 2011, p.283-99.

20. Zygmunt Bauman, *Collateral Damage: Social Inequalities in a Global Age*, Cambridge, Polity, 2011, p.46-7 [trad. bras., *Danos colaterais: desigualdades sociais numa era global*, Rio de Janeiro, Zahar, 2012].

3. Ausência, distanciamento e automação (*p.75-94*)

1. Götz Aly e Susanne Heim, *Vordenker der Vernichtung. Auschwitz und die deutschen Pläne für die neue europäische Ordnung*, Hamburgo, Hoffmann & Campe, 1991, p.14, 482. "O que começara como um pequeno escritório criado em 6 de outubro de 1939 com a missão de coordenar o 'reassentamento de nações europeias' [Reichskommisariat für die Festigung Deutschen Volkstums] logo se transformou numa instituição poderosa, com inúmeras divisões, empregando, além de seus funcionários, milhares de etnógrafos, arquitetos, agrônomos, contadores e especialistas em todas as disciplinas científicas imagináveis" (p.125-6). O livro foi traduzido como *Architects of Annihilation: Auschwitz and the Logic of Destruction*, Londres, Weidenfeld & Nicolson, 2001. Ver também a resposta de Götz Aly a Dan Diner, in *Vierteljahreshefte für Zeitgeschichte*, n.4, 1993.

2. Cf. Klaus Dörner, *Tödliches Mitleid. Zur Frage der Unerträglichkeit des Lebens*, Gütersloh, Paranus, 1988, p.13, 65.

3. Thom Shanker e Matt Richtel, "In new military, data overload can be deadly", *The New York Times*, 16 jan 2011.

4. Ver Günther Anders, *Le temps de la fin* (1960), Paris, L'Herne, 2007, p.52-3.

5. Lyon, "The border is everywhere".

6. Ibid.

7. Ver, por exemplo, Elisabeth Bumiller, "Air Force drone operators report high levels of stress", *The New York Times*, 18 dez 2011. Disponível em: http://www.nytimes.com/2011/12/19/world/asia/air-force-drone-operators-show-high-levels-of-stress.html?_r=3; acesso em mar 2012.

8. Roger Silverstone, "Proper distance: towards an ethics for cyberspace", in Gunnar Liestøl et al.(orgs.), *Digital Media Revisited: Theoretical and Conceptual Innovations in Digital Domains*, Cambridge, MA, MIT Press, 2003, p.469-90.

4. In/segurança e vigilância (*p.95-112*)

1. Zygmunt Bauman, *Liquid Fear*, Cambridge, Polity, 2006, p.6 [trad. bras., *Medo líquido*, Rio de Janeiro, Zahar, 2008].

2. Ibid., p.123.

3. Katja Franko Aas, Helene Oppen Gundhus e Heidi Mork Lomell (orgs.), *Technologies of InSecurity: The Surveillance of Everyday Life*, Londres, Routledge, 2007, p.1.

4. Torin Monahan, *Surveillance in the Time of Insecurity*, New Brunswick, Rutgers University Press, 2010, p.150.

5. Anna Minton, *Ground Control: Fear and Happiness in the Twenty-First Century City*, Londres, Penguin, 2011, p.171.

6. Bigo, "Security".

7. Zygmunt Bauman, "Conclusions: the triple challenge", in Mark Davis e Keith Tester (orgs.), *Bauman's Challenge: Sociological Issues for the Twenty-First Century*, Londres, Palgrave Macmillan, 2010, p.204.

8. "Michel Houellebecq, the art of fiction no. 206", *Paris Review*, n.194, primavera 2000; disponível em: www.theparisreview.org/interviews/6040/the-art-of-fiction-no-206-michel-houellebecq; acesso em abr 2012.

9. Solove, *The Digital Person*, p.47.

10. Vincent Mosco, *The Digital Sublime: Myth, Power and Cyberspace*, Cambridge, MA, MIT Press, 2004.

11. S.F. Murray, "Battle command: decision-making and the battlefield panopticon", *Military Review*, jul-ago 2006, p.46-51, apud in Kevin Haggerty, "Visible war: surveillance, speed and information war", in Haggerty e Ericson, *The New Politics*.

12. Zygmunt Bauman, *Socialism: The Active Utopia*, Londres, Allen & Unwin, 1976, p.141.

13. Keith Tester, *The Social Thought of Zygmunt Bauman*, Londres, Palgrave Macmillan, 2004, p.147.

14. Keith Tester, *Conversations with Zygmunt Bauman*, Cambridge, Polity, 2000, p.9 [trad. bras., *Bauman sobre Bauman*, Rio de Janeiro, Zahar, 2011].

15. David Noble, *The Religion of Technology: The Divinity of Man and the Spirit of Invention*, Nova York, Penguin, 1997.

16. Tentei expressar isso, por exemplo, in David Lyon, *Surveillance after September 11*, Cambridge, Polity, 2003, cap.6.

17. Ibid., p.166.

5. Consumismo, novas mídias e classificação social (*p.113-21*)

1. Christian Fuchs, Kees Boersma, Anders Albrechtslund e Marisol Sandoval (orgs.), *Internet and Surveillance*, Londres, Routledge, 2011, p.xix.

2. Lyon, *Surveillance Studies*, p.185.

3. Ver Sachil Singh e David Lyon, "Surveillance consumers: the social consequences of data processing on Amazon.com", in Russell W. Belk e Rosa Llamas (orgs.), *The Routledge Companion to Digital Consumption*, Londres, Routledge, 2012.

4. Ver, por exemplo, Lyon, "9/11, synopticon, and scopophilia".

5. dana boyd, "Dear voyeur, meet flaneur, sincerely, social media", *Surveillance and Society*, v.8, n.4, 2011, p.505-7.

6. Eli Pariser, *The Filter Bubble: What the Internet Is Hiding from You*, Nova York, Penguin, 2011.

7. Oscar Gandy, "Consumer protection in cyberspace", *Triple C*, v.9, n.2, 2011, p.175-89.

8. Pode haver exceções: reflito aqui principalmente no contexto da vigilância. Talvez a mídia social possa ser pensada em relação à ideia de Hardt e Negri de "enxame" – também usada por Bauman, por exemplo, in *Consuming Life*, Cambridge, Polity, 2007 [trad. bras., *Vida para consumo*, Rio de Janeiro, Zahar, 2008]. Ver Michael Hardt e Antonio Negri, *Multitude: War and Democracy in the Age of Empire*, Nova York, Penguin, 2004. O uso da mídia social durante a chamada Primavera Árabe de 2011 parece ter alguma ressonância com a ideia de "enxamear".

9. Jason Pridmore, "Loyalty cards in the United States and Canada", in Elia Zureik et al. (orgs.), *Surveillance, Privacy and the Globalisation of Personal Information*, Montreal, McGill-Queen's University Press, 2010, p.299.

10. Stephen Graham, "Cities and the 'war on terror'", *International Journal of Urban and Regional Research*, v.30, n.2, 2006, p.271.

11. James Der Derian, *Virtuous War: Mapping the Military-Industrial-Media-Entertainment Complex*, Boulder, Westview, 2001.

12. Aspecto ressaltado por Bauman, de forma ligeiramente diferente, in *Consuming Life*.

6. Investigando eticamente a vigilância (*p.122-29*)

1. Gary T. Marx, "An ethics for the new surveillance", *Information Society*, v.14, n.3, 1998.

2. Gary T. Marx, *Undercover: Police Surveillance in America*, Berkeley, University of California Press, 1988, cap.8.

3. Deleuze, "Postscript"; David Garland, *The Culture of Control*, Chicago, University of Chicago Press, 2001.

4. N. Katherine Hayles, *How We Became Posthuman: Virtual Bodies in Cybernetics, Literature and Mathematics*, Chicago, University of Chicago Press, 1998, cap.3.

5. Irma van der Ploeg, *The Machine-Readable Body*, Maastricht, Shaker, 2005, p.94.

Notas

6. Ver, além disso, David Lyon, *Identifying Citizens: ID Cards as Surveillance*, Cambridge, Polity, 2009, p.124-5.

7. Ver Bauman, *Consuming Life*, p.14, 17-20.

8. Lucas Introna, "The face and the interface: thinking with Levinas on ethics and justice in an electronically mediated world", documento de trabalho, Centre for the Study of Technology and Organization, Universidade de Lancaster, 2003.

7. Agência e esperança (*p.130-43*)

1. Peter Beilharz (org.), *The Bauman Reader*, Oxford, Blackwell, 2001, p.334.

2. Essas ideias são estimuladas por Jan Assman, *Das kulturelle Gedächtnis*, Munique, Beck, 1992, apud Miroslav Volf e William H. Katerberg, *The Future of Hope: Christian Tradition amid Modernity and Postmodernity*, Grand Rapids, MI, Eerdmans, 2004, p.x.

3. Essa série foi depois publicada por Jacques Derrida, *Adieu à Emmanuel Levinas*, Paris, Galilée, 1997; e *Adieu to Emmanuel Levinas*, Stanford, Stanford University Press, 1999.

4. Robert Paul Doede e Edward Hughes, "Wounded vision and the optics of hope", in Volf e Katerberg, *The Future of Hope*, p.189.

5. Ibid., p.193.

6. Ver "Pour les enfants, Internet est aussi naturel que la mer ou la montagne", *Le Monde*, 30 nov 2011.

7. Pierre Bourdieu, *Distinction: A Social Critique of the Judgement of Taste*, Londres, Routledge, 1986, p.480-1.

8. Miroslav Volf, *Exclusion and Embrace: A Theological Exploration of Identity, Otherness and Reconciliation*, Nashville, Abingdon Press, 1996, p.75.

9. Ibid., p.277.

10. Ibid., p.306.

11. Kieran Flanagan, "Bauman's implicit theology", in Davis e Tester, *Bauman's Challenge*, p.93.

12. "Tony Judt: 'I am not pessimistic in he very long run'", *Independent*, 24 mar 2010.

13. Evan R. Goldstein, "The trials of Tony Judt", *Chronicle Review*, 6 jan 2010.

· Índice remissivo ·

11 de Setembro *ver* segurança pós-11 de Setembro

A

Aas, Katja Franko, 96
abandono, exclusão por, 138
Adão e Eva, 77, 140
adiaforização:
  do assassinato militar, 85
  e a ética da vigilância, 15, 124-6
  e dados corporais, 15
  e distanciamento, 76-7, 88, 90, 92
Afeganistão, 119
Agamben, Giorgio, 22, 63
agência:
  crise da, 105, 132-4
  e esperança, 23, 130-43
  e vigilância eletrônica, 132-3, 135-6
Agier, Michel, 65, 67
aldeia global, 47
Allport, Gordon, 58
Aly, Götz, 81
Amazon, 23, 113
  e vigilância consumista, 115-8
  ferramenta "Lista de desejos", 114-5
  filtragem colaborativa, 114
  filtros de personalização, 114-5
Anders, Günther, 85-6

Anderson, Michael L., 26
Andrejevic, Mark, 57, 68-9
anonimato, 20
  e a internet, 26, 28-9
  e a mídia social, 21
Arar, Maher, 100-1
Arendt, Hannah, 65, 84-5, 90
asilo, pessoas em busca de:
  e a ética da vigilância, 124
  e controles de fronteira, 15
  e o ban-óptico, 64-7
assimilação, exclusão por, 138
Auschwitz, 59, 76, 81
autonomia, internet e a, 26, 28

B

Babilônia, 112
Bacon, Francis, sonho da "Casa de Salomão", 78, 80
Baker, Peter, 26
ban-ópticos, 62-7, 74, 112
  e exclusão social, 89
  e vigilância consumista, 118, 119
  o *dispositif*, 63-4
Beck, Ulrich, 93, 94, 132
Beilharz, Peter, 130
bem e mal, 77
Benjamin, Walter, 65-6
Bentham, Jeremy, 18, 55, 58, 60, 61, 78, 123, 125
  e a ética da proteção, 127-9

Berry, Gérard, 135-6
Bíblia, 127
    Antigo e Novo Testamentos, 143
Bigo, Didier, 13, 62-5, 101
Birmingham Centre for Contemporary Cultural Studies, 121
Blade Runner (O caçador de androides), 107
blogs, 33, 52
Boétie, Étienne de la, 29, 59, 73
Bósnia, 138
Bourdieu, Pierre, 137
Bowker, Geoffrey C., *Sorting Things Out*, 69
Brazil, 107
Bumiller, Elisabeth, 26
Burnham, James, 71, 128-9
burocracias, 60-1
    burocracias transnacionais de vigilância, 63
    e Holocausto, 76
    e vigilância eletrônica, 42
burocracias transnacionais e o ban-óptico, 62-3

C

Cabala, 139
câmeras de TV, circuito fechado de, 65
câmeras de vídeo, 9
campos de concentração, 22, 58, 76, 81, 140
Canadá, 101
cartões de crédito, 56, 65
cartões de fidelidade, 119
Castells, Manuel, 102
categorização social, 20-1, 29
    categorização pan-óptica, 68-9
    consumismo e nova mídia, 113-21
Chernobyl, 93
chips de RFID (identificação por radiofrequência, na sigla em inglês), 16-7
cibernética, ética da vigilância e, 123
cidades, segurança e vigilância de, 95, 98
códigos de barra, 16, 17
comunidades e redes, 43-4
comunidades fechadas, 65, 89

comunismo, 80-1, 140
Conferências Macy, 123
confissão:
    ideias de Foucault sobre, 32-3
    sociedade confessional hoje, 33-6
consumismo, 23, 36-9, 113-21
    e exclusão, 138
    e modelos de individualidade, 50-1
    e modernidade líquida, 59, 118-9, 132-3
    elaboração de perfis de consumidores on-line, 119
    ética da vigilância consumista, 125-6
    indivíduos e mercadorias, 36-9
    mudança para a criação de necessidades, 116-8
    vigilância consumista e pan-opticismo, 57, 68-9, 118
    ver também marketing
controle social ("Grande Irmão"), 16, 17-8, 19
controles biométricos, 9, 15, 96, 124
Coreia do Sul, 34-5, 39-40
corpos:
    dados corporais, 11, 15
    e a ética da vigilância, 124
    e os pan-ópticos, 56, 58
crise energética, 94
cristianismo, 111, 138, 139
Cyworld, 35, 40; *ver também* Coreia do Sul

D

danos/baixas colaterais e desenvolvimento tecnológico, 93-4
Deleuze, Gilles, 11, 22, 123
Der Derian, James, 119
Derrida, Jacques, 22, 133
Descartes, René, 121
destruição criativa, 79
destruição e modernidade, 79
Deutsch LA, 31
direitos humanos, 20
disciplina:
    e pan-ópticos, 18, 55
    e segurança, 12, 101

discriminação e a classificação pan-óptica, 69
Discurso da servidão voluntária, 59
dispositif, 63-4
distância adequada, 92
distopias, 102-3, 106
	e utopias, 106-8
dominação, 58-9, 72, 78, 129
	exclusão pela, 137
Donne, John, 99
Doyle, Aaron, 70
Droit, Roger-Pol, 135-6
drones, 21, 25, 26-8, 75, 83
	e categorização social, 29
	e distanciamento, 85-6, 91
Dunbar, número de, 146
	e redes de amizade, 45-6
Dunbar, Robin, 45

E

economia da experiência, e a revolução gerencial, 71-2
eliminação, exclusão por, 138
Ellul, Jacques, 76, 83, 112
empresas, empregados e pan-ópticos pessoais, 60-1
energia atômica, 93, 94
energia nuclear, 93, 94
Engels, Friedrich, 11
engenharia genética, 93-4
Enriquez, Eugène, 35
Enzenberger, Hans, 138
Ericson, Richard, 11
escâneres corporais, 9, 96
escopofilia e vigilância de consumo, 114, 118-9
espaço de fluxos, 105
esperança e agência, 23, 130-43
Estado e agência, 105, 132
Estados Unidos:
	coleta de informações pelo Exército, 84-5
	controle da imigração, 89-90
	Homeland Security, 110
	vigilância e insegurança, 97, 101
estresse pós-traumático, 91
ética da vigilância, 10, 14-5, 23, 92, 122-9
	e adiaforização, 15, 124-6

e cibernética, 123
e consumismo, 125-6
e fetichismo da subjetividade, 125-6
e tecnologia, 83-94
evolução biológica, redes de amizade e, 44-5
evolução cultural, redes de amizade e, 45
exclusão, 30
	e consumidores, 115-6, 138
	e segurança pós-11 de Setembro, 137-8
	ver também ban-ópticos
exclusão social, 89
exílios, 65-7

F

Facebook, 23, 30-2, 113
	e a sociedade confessional, 33
	e agência, 136
	e anonimato, 21
	e categorização social, 29
	e Cyworld, 35, 39-40
	e o sinóptico, 73
	e redes de amizade, 44-5, 46, 47-8
	e vigilância consumista, 121
	filtros de personalização, 114-5
	lançamento do, 30
	marketing, 117
	uso de informações pessoais, 48-9
	"usuários ativos", 31-2, 44
"fetichismo da subjetividade", 125-6
Flanagan, Kieran, 138
Foley, David, 141, 142
Ford, Henry, 78, 129
Fórum Social Mundial (Mumbai), 108
Foucault, Michel, 12, 18, 19, 22, 101
	e *dispositif*, 63-4
	e o pan-óptico, 18, 55-6, 57, 58, 61, 68, 78
	sobre confissão, 32-3
Freud, Sigmund, 109
fronteiras:
	adiaforização e controles de fronteira, 15

e controles biométricos, 9, 15, 96, 124
e o ban-óptico, 64-5
e populações migrantes, 87-8
mutáveis, 13
pan-ópticos e agentes de fronteira, 63
vigilância e segurança nas, 96-7
fronteiras entre Estados ver fronteiras
fronteiras mutáveis, 13
Fukushima, 93, 94
Fukuyama, Francis, 105
futurismo, 107
futuro do tipo "faça você mesmo", na distopia de Houellebecq, 103-4

G
Gandy, Oscar, 21, 57, 68-9, 73, 115
The Panoptico Sort, 56, 68
Garland, David, 123
Gattaca, 107
geodemografia, 68
Gilliom, John, Overseers of the Poor, 62
Globalização (Bauman), 87
globocídio, 86
Goffman, Erving, 58
Goldstein, Evan R., 141
Google, 9, 23, 73, 113
filtros de personalização, 114
Grã-Bretanha, redes sociais, 34, 39-40
Graham, Stephen, 119
Gramsci, Antonio, 130
Greer, Germaine, 36
Guerra Fria, 120
guerras e drones de vigilância, 26-7

H
Haggerty, Kevin, 11, 55, 58
Hayles, Katherine, 123
Hebdige, Dick, 121
Hegel, Georg, 120
a tríade hegeliana, 116, 117
Heim, Susanne, 81
Heller, Agnes, 100
hermenêutica da recuperação, 133-4

Hitler, Adolf, 80
Hobsbawm, Eric, 79
Holocausto, 22, 76, 82, 90
Houellebecq, Michel, 102-5
O mapa e o território, 143
humanidade, mídia social e a, 42-3
Hunnewell, Susannah, 103
Huxley, Aldous, 102-3

I
ideias renascentistas de paz e prosperidade, 111
Ikea, 29, 129
Iluminismo, 111, 127, 128
incerteza:
e esperança, 131
e insegurança, 101
e moral, 140
e vigilância líquida, 13, 14-5
Independent, 141
individualidade:
modelos "econômico" e do "amor", 50-1
novos sistemas de segurança, 96
indivíduos, como agentes na crise, 132
insegurança e vigilância, 95-112
distopias, 102-5, 106-8
fronteiras e, 96, 97
medo e, 96, 97-100, 112
minorias proscritas, 100-1
"instituições totais" e pan-opticismo, 58, 62
Internet and Surveillance (Fuchs et al.), 113
internet, 113-6
anonimato e, 21, 26, 28-9
blogs, 33, 52
e agência, 136
e vigilância consumista, 118-21
namoro, 49-52
ver também mídia social
Introna, Lucas, 128, 129
investimento e consumo, 38
invisibilidade, 25, 26
dos drones, 26-7
e a sociedade confessional, 35-6
vigilância consumista e, 121

J
Jobs, Steve, 107
Jonas, Hans, 83, 88
jovens e redes sociais, 34-5, 39-40
judaísmo, 139
    a Torá, 111, 134
Judt, Tony, 141-2
justiça, 20
    e agência humana, 130
    e vigilância, 20

K
Kafka, Franz, 18, 107
Kaufmann, Jean-Claude, 49-52
Kracauer, Siegfried, 36
Kramer, Art, 84

L
Lam, Rich, 28
Le Corbusier, 78
Le Monde, 121
Levinas, Emmanuel, 88, 127, 133-4, 135, 139, 143
liberdades civis, 20
    e segurança pós-11 de Setembro, 22

M
MacKay, Donald, 124
mal, e construção da ordem, 77
Managerial Revolution, The, 128-9
marketing, 10
    customizado, 9
    e sociedade de consumo, 37-9
    vigilância, 116-7
    ver também marketing de base de dados
marketing de base de dados, 23, 56, 57, 68, 73-4, 113
    Amazon, 117
Marx, Gary T., 114, 122-3, 125
Marx, Karl, 11, 133
Mathiesen, Thomas, 69-70, 113
McDonald's, campanha pelo Twitter, 48-9
McLuhan, Marshall, 47
medo e insegurança, 96, 97-100, 112
memórias e vigilância eletrônica, 133

mercadorias e sociedade de consumo, 37-9
mídia e pan-opticismo, 69-70
mídia social, 25
    e a sociedade confessional, 33-6
    e anonimato, 21
    e exclusão, 30-1
    e humanidade, 42-3
    e o sinóptico, 69-70
    e redes de amizade, 44-8
    e relacionamentos digitalmente mediados, 40-2
    e vigilância de consumo, 118
    redes e comunidades, 43-4
    solidariedade social e organização política, 14, 49
    uso por corporações e governos, 48
    ver também Facebook
Miller, Daniel, 40
minorias, medo e insegurança relacionados a, 100-1
Minority Report, 13, 63, 107
Minton, Anna, 99
modelo de "amor" e individualidade, 50-1
modelo "econômico" e individualidade, 50-1
Modernidade e Holocausto (Bauman), 22, 76
modernidade, 78-82, 92-3
    e o comunismo, 80-1
    e pan-ópticos, 55
    nazismo e, 80, 81-2
    ver também modernidade líquida
modernidade líquida, 10, 11, 13, 14-5, 16-21, 24
    e consumismo, 59, 118-9, 132-3
    e controle social, 16, 17-8
    e medo, 96
    e pan-opticismo, 18-20, 21
    e tecnologia, 16-7
Moltmann, Jürgen, 138
Monahan, Torin, *Surveillance in the Time of Insecurity*, 97-8
Montaigne, Michel de, 59
moral:
    e agência, 140

tecnologia e distanciamento moral, 82-92

ver também adiaforização; ética da vigilância

Morris, William, 143

morte:

responsabilidades depois da, 142-3

vigilância e instinto de morte, 110

Mosco, Vincent, 107, 111

movimento dos indignados, 53-4

mudança social, Houellebecq sobre, 103-4

Murray, S.F., 107

N

Nagel, Thomas, 142

namoro:

agências de, 126

e internet, 49-52

Nancy, Jean-Luc, 63

nazismo, 80, 81-2, 140

Nínive, 112

Noble, David, 111

nomadismo, 12

O

Occupy, movimentos, 14, 49, 53, 54

ordem:

construção da ordem e modernidade, 77-82

criação e manutenção, 109

"ordem final" e segurança, 109-10

Orwell, George, 84, 85, 102, 103, 106, 107

1984, 17-8

Outro, o, 10, 15

e a ética da vigilância, 92, 127, 128

e o olhar pan-óptico, 134

"Face do Outro" de Levinas, 135

medo do, 97, 98

na Torá judaica, 134

proteção ao, 92

P

pan-opticismo social, 62

pan-ópticos, 11, 12, 55-74

e a burocracia, 60-1

e a ética da vigilância, 125, 127-8

e a modernidade líquida, 18-21

e a vigilância de consumo, 57, 68-9, 118

e construção da ordem, 78

e exclusão, 30

e Foucault, 18, 55-6, 57, 58, 61, 68, 78

e "instituições totais", 58, 62

e o marketing de base de dados, 23, 56, 57

e prisões de segurança máxima, 56, 59

e vigilância líquida, 59

eletrônico, 55

o olhar pan-óptico e o Outro, 134

o pan-óptico de Bentham, 18, 55, 58, 60, 61, 78, 123, 125, 127-9

pan-opticismo social, 62

pessoal, 61-2

poliópticos, 55

sinópticos, 55

superpan-ópticos, 55

ver também ban-ópticos; sinópticos

Pariser, Eli, 114-5

Parker, Greg, 26

passaportes, 9, 16, 96

perfeição e modernidade, 79, 80

pobreza, 23

vigilância de famílias carentes, 62

poder:

do consumismo, 59

e agência humana, 130-1

e agência, 134

e controle social, 17-8

e distanciamento, 92

e modernidade líquida, 102

e o ban-óptico, 63-4

e o espaço dos fluxos, 130

e pan-ópticos, 18-9, 56

e política, 13-4, 105

poder de Estado:

perda do, 105

vigilância e o, 18, 19

Polanyi, Karl, 71

polícia e pan-ópticos, 62-3

política:
  e agência, 134
  modernidade líquida e, 102
  poder e, 13-4, 105
  solidariedade social e organi-
    zação política, 14, 49, 52-4
política de vida, 106
populações migrantes:
  a ética da vigilância e, 124
  nas fronteiras, 87-8
  pessoas em transição e o ban-
    óptico, 66-7
  tecnologia de vigilância a
    distância e, 89-90
pós-modernidade, 11
Postmodern Ethics (Bauman), 23, 92
prevenção do crime, 90
Primavera Árabe, 14, 49, 54
prisões:
  e o pan-óptico, 12
  supermax (segurança máxima),
    56, 59
privacidade, 20
  e a internet, 26, 28, 32
  e sigilo, 33-4
processamento de informações *ver*
  vigilância eletrônica
proteção *ver* ética da vigilância

Q
QR, códigos (códigos de resposta
  rápida), 16, 17

R
racionalidade e pan-ópticos, 60
razão:
  e a ética da vigilância, 128
  e modernidade, 78, 80
redes de amizade, 44-8
redes e comunidades, 43-4
refugiados e o ban-óptico, 64-5, 67
refugo e o ban-óptico, 67
relacionamentos digitalmente
  mediados, 40-8
  namoro pela internet, 49-52
  redes de amizade, 44-8
religião:
  agência e esperança, 138-9
  confissões religiosas, 32-3

resistência e o ban-óptico, 63-4
responsabilidade, 142-3
  "flutuação" da, 90
revolução gerencial:
  e a ética da vigilância, 129
  e o sinóptico, 70-3
Rhodes, Lorna, 56-8
Richtel, Matt, 84, 86
risco:
  cálculo/administração, 93, 94, 96
  e insegurança, 101
  e modernidade líquida, 133
romances históricos, medo e
  insegurança, 100
Rose, Josh, 31, 42-3, 44
Rousseau, Jean-Jacques, 128
Ruanda, 138

S
Salmo 139, e a ética da proteção,
  127, 128
Segunda Guerra Mundial, 79
segurança:
  e disciplina, 12-3, 101
  insegurança e vigilância, 95-112
  manutenção, 95-6
  medo de dispositivos de
    segurança, 99, 100
segurança aeroportuária, 9, 96-7, 133
e classificação social, 20-1
  e fronteiras mutáveis, 13
  e o ban-óptico, 63-4
  e tecnologia de vigilância a
    distância, 89
  e vigilância eletrônica, 12-3
segurança nacional, 95
segurança pós-11 de Setembro, 9,
  22, 69, 97
  e a explosão da segurança-
    vigilância, 110, 111-2
  e *drones*, 27
  e exclusão, 137-8
  e gerenciamento de risco, 96
  e insegurança, 101
  e vigilância líquida, 97
serviços públicos, declínio do
  investimento em, 142
servidão voluntária, 73, 132
Shakespeare, William, *Hamlet*, 95

Shanker, Thom, 26, 84, 86
Shannon, Claude, 124
shopping centers, 65
sigilo e privacidade, 32, 33-4
Silverstone, Roger, 91-2, 94
Simmel, Georg, 32
sinópticos, 69-74
    e vigilância de consumo, 118, 125
smartphones, 12, 16
social-democracia, 141-2
Socialism: The Active Utopia (Bauman), 107-8
"sociedade de controle", 11
software telefônico e técnicas de vigilância institucionalizada, 74
Solidariedade, movimento polonês, 53
solidariedade e agência humana, 130
Solove, Daniel, 18, 107
Staples, William, 11
Star, Susan Leigh, *Sorting Things Out*, 69
Stelter, Brian, 26, 28

T
Tales from Facebook (Miller), 40
Taylor, Frederick Winslow, 78, 128
tecnologia:
    e a ética da vigilância, 83-94
    e consumismo, 129
    e distanciamento moral, 82-92
    e modernidade líquida, 16-7
    e utopismo, 107-8
    e vigilância militar, 120
    Houellebecq sobre, 104-5
terrorismo, medos e inseguranças, 101; *ver também* segurança pós-11 de Setembro
Tester, Keith, 108
testes genéticos, 101
Thomas, W.I., 131
trabalho do tipo "faça você mesmo", 39
transcendência, desejo humano de, 107-8, 109, 110-1
transição, pessoas em *ver* populações migrantes

Tunísia, revolução, 135
Turkle, Sherry, 41, 44
Twitter, 42, 53, 136
    campanha do McDonald's pelo, 48

U
universos "on-line" e "off-line", 42-4, 54
utopias, 106-8, 143

V
Van der Ploeg, Irma, 124
verdade e agência, 131, 137
viagem aérea/desastres, acidentes, 93
vigilância, confidencialidade da, 20
vigilância com ajuda de computadores *ver* vigilância eletrônica
vigilância digital *ver* vigilância eletrônica
vigilância do tipo "faça você mesmo", 61, 65
    e a revolução gerencial, 73
    e elaboração de perfis, 117, 121
    e sinóptico, 70
vigilância eletrônica, 12, 16, 19-20, 21-2
    e agência, 132-3, 135-6
    e distopias, 107
    e transparência, 19
    ética da, 124
    ver também internet
vigilância militar, 84-5, 87, 88, 119, 120; *ver também* drones
vigilância paramilitar, 88
Volf, Miroslav, 138, 139

W
Wacquant, Loïc, 58, 62
Walesa, Lech, 53
Weber, Max, 60, 83
Work, Consumerism and the New Poor (Bauman), 113

Z
Zamyatin, Yevgeny, 102, 103, 106
Zuckerberg, Mark, 30-1, 47

Este livro foi composto por Mari Taboada em Avenir e Minion 11/14
e impresso em papel offset 90g/m² e cartão triplex 250g/m²
por Paym Gráfica e Editora em outubro de 2017.